Les origines de la pensée grecque

希腊思想的起源

[法] 让-皮埃尔·韦尔南 著

秦海鹰 译

东方出版中心

图书在版编目（CIP）数据

希腊思想的起源 /（法）让-皮埃尔·韦尔南著；秦海鹰译. —上海：东方出版中心，2021.7
ISBN 978-7-5473-1860-7

Ⅰ. ①希… Ⅱ. ①让… ②秦… Ⅲ. ①古希腊罗马哲究—哲学史 Ⅳ. ①B502

中国版本图书馆CIP数据核字（2021）第134349号

希腊思想的起源

著　　者　［法］让-皮埃尔·韦尔南
译　　者　秦海鹰
责任编辑　陈哲泓
装帧设计　陈绿竞

出版发行　东方出版中心
地　　址　上海市仙霞路345号
邮政编码　200336
电　　话　021-62417400
印 刷 者　杭州日报报业集团盛元印务有限公司

开　　本　890mm × 1240mm　1/32
印　　张　5.75
字　　数　70千字
版　　次　2021年7月第1版
印　　次　2021年7月第1次印刷
定　　价　39.00元

献给

路易·热尔内

（Louis Gernet）

目录

新版序言

这本书发表于25年前，是我应迪梅齐尔（Georges Dumézil）之约，为他主编的法国大学出版社《神话与宗教》丛书而写的。迪梅齐尔本人在这套丛书中发表过《印欧诸神》和《日耳曼诸神》，列维-斯特劳斯（Cl. Lévi-Strauss）与我同年也在这套丛书中发表了《今日图腾》。这套丛书遵循几条原则：篇幅短小，一本书一般不超过130页，适合的读者面较宽，作者就某个重要问题或有争议的问题作出体现个人见解的综述，不加过多的注释，不炫耀学问。

在我所从事的领域里，这样的尝试未免有些轻率。想用几个章节来阐明希腊思想的起源，勾勒出从公元前12世纪迈锡尼[①]王国崩溃到公元前 5 世纪雅典城邦繁荣这段时期思想变革的概貌，这是否太冒险了？我们要跨越 700 年的历史，而其中大部分时间（公元前 12—前 8 世纪）属于古代史研究者所说的“黑暗时代”，因为当时使用的文字已经消失，我们不掌握任何可供了解这个时期的文献。

因此，在考察这样长的一段历史时，我不可能像历史学家或考古学家那样动用他那个学科的全部资料。这本书采取了随笔的形式，它的目的不是通过穷尽性的研究来结束争论，而是重新展开争论，把思考引上新的轨道。我在书中大致描绘了从迈锡尼王国到民主城邦、从神话的没落到理性知识的诞生的演进过程，并对这一思想变革提出了一种总体阐释，我认为这种阐释是严密的，与我们占有的主要事实材料相吻合。

那么，我问自己，西方理性思想的起源是什么？它在希腊世界中是怎样诞生的？在我看来，公元前 6 世纪初在小亚细亚的希腊殖民地米利都出现的那种标志着古代希腊

---

① ［译注］迈锡尼：希腊伯罗奔尼撒半岛东北部的古城，爱琴文化（又称克里特–迈锡尼文化）中心之一。19 世纪下半叶德国考古学家谢里曼发掘该城，获得大批古物、金银器具及线形文字泥板文书。该城及其附近地区发掘的古文化通称迈锡尼文化。

哲学和科学开端的新思考，主要有以下 3 个特征：

首先它形成了一个外在于宗教的、与宗教无关的思想领域。伊奥尼亚[①]的"自然哲学家"（物理学家）对宇宙的起源和各种自然现象作出了充满实证精神的、世俗的解释。他们全然无视宗教信仰的各种神力，无视既定的宗教礼仪和那些通过赫西俄德（Hésiode）等"神学家"诗人的作品流传下来的神圣叙事。

其次，它提出了一种有关宇宙秩序的思想：宇宙秩序。该秩序不像在传统的神谱中那样建立在一个主神的威力、他的个人统治或"王权"之上，而是基于宇宙的内在规律和分配法则，这种规律和法则要求大自然的所有组成部分都遵循一种平等的秩序，任何部分都不能统治其他部分。

最后，这种思想具有明显的几何学性质，不论是地理学、天文学还是宇宙演化论，它们都把对自然世界的构思投射到了一个空间背景上，这个空间不再由吉、凶、天堂、地狱等宗教性质来界定，而是由相互的、对称的、可逆的

① ［译注］伊奥尼亚：古代希腊殖民地区，包括今土耳其西海岸中段的狭长地带和附近的爱琴海诸岛。公元前 8—前 6 世纪，希腊人在这一地区建立了许多城邦，其中最著名的就是希腊哲学的发源地米利都，故米利都的哲学家又称伊奥尼亚的哲学家。

关系组成。

世俗的、实证的性质，对一种建立在严格的平等关系上的自然秩序的抽象构思，以及对一个处在均质、对称的空间中的宇宙的几何学看法，这 3 个特征是密切联系的。它们共同确立了希腊理性思想在形式和内容上所具有的创新性（相对于过去而言）和独特性（与希腊人曾经接触过的近东文明比较而言）。

这些创新与什么因素有关？它们为什么能在希腊世界中产生？要回答这些问题，就必须探讨引导希腊从迈锡尼王宫文明（这种文明与当时的东方各国很接近）走向城邦的社会天地和精神世界的全部条件。城邦的诞生不仅带来了一系列经济和政治的变化，也意味着思维方式的变化，意味着打开了一片完全不同的思想视野，建立了一个以公众集会广场（*agora*）为中心的、新的社会空间。迈锡尼的瓦纳卡（*Anax*），这个权力极大的国王，这个借助他的那些书吏来监督和控制全部社会生活的人物不复存在了；话语的地位提高了，它以自由论辩和对立论证的形式被运用到世俗事物中，成为最有效的政治武器和国家的最高权力工具；社会活动和精神创造都有了完全的公开性，法律和命令均以文字的形式展示在全体公民面前，个人著述必须接受批评和争议；统治与被统治的旧有等级关系被一种新型的社会关系所代替，这种新型关系以公民间的对称性、可逆性和相互性为基础，公民被确定为“同类人”或“平等人”；人们抛弃了以往对待传统的态度，不再把传统看成是一种必须尊重和重复、不可作任何更改的永恒真理，而且每人都努力摆脱传统，与前人拉开距离，通过对前人的观点加以延伸、修正或完全否定来确立自己的独特性：所有这些特征都说明，思想的世俗化、理性化、几何化，以及创新精神和批判精神的发展是在社会实践中完成的，同时它们在米利都学派的自然哲学家那里又以自然学说的形式表现出来。最早的智慧，即希腊七贤[①]的智慧，是一种道德和政治的思考，它试图确立一种人类新秩序的基础，这个基础应该以一种适用于所有人的平等法律来代替君主、贵族和强者的绝对权力。城邦因此而呈现为一个具有中心的圆形“宇宙”：所有公民都是同类，他们应该轮流服从和指挥，按照时间的顺序依次占据和让出城邦空间的每个对称点。在哲学的黎明时期，正是这样一种受“法律面前人人平等”的原则调节的社会宇宙的图景，被伊奥尼亚的哲

① ［译注］希腊七贤：通常所认为的古希腊最有智慧的七个人。

学家们投射到了自然宇宙上。古代的神谱被纳入以王国礼仪为根据的王权神话中。伊奥尼亚的自然哲学家们建立的新的世界模式，从其几何框架来看，是与城邦特有的制度形式和思想结构密切相关的。

以上便是 1962 年我在这本小书中论述的大致内容。今天的情况怎样呢？这个问题包括两个方面：第一，应该考虑这期间出现的哪些新的资料和哪些不同的阐释？第二，我在哪些方面对自己的观点作出了补充、润饰或修正？

我们从最早的迈锡尼世界讲起吧。1956 年，查德威克（J. Chadwick）和文特里斯（M. Ventris）辨读出了派罗斯、迈锡尼、克诺索斯①、底比斯、梯林斯②、奥科美诺斯③等地的线形文字④B 泥板文书，这样便突然拓展并彻底改变

① ［译注］克诺索斯：一译诺萨斯，希腊古城，位于克里特岛北岸，克里特文化中心。20 世纪初，英国考古学家伊文思曾在此发掘出著名的米诺斯王宫遗址、作坊、器具、艺术品及线形文字泥板文书。

② ［译注］梯林斯：希腊古城，迈锡尼文化中心之一，以荷马时代的建筑遗址著称。

③ ［译注］奥科美诺斯：希腊彼奥提亚地区的古城，米尼亚人王朝所在地。

④ ［译注］线形文字：在希腊克里特岛和伯罗奔尼撒半岛迈锡尼等地发现的一种古代文字，考古学上称克里特的线形文字为“线形文字 A”，迈锡尼的线形文字为“线形文字 B”，用线形文字 B 书写的希腊语通常叫作迈锡尼希腊语。

了我们对希腊远古历史的认识：研究古希腊问题的学者们从此掌握了涉及公元前14—前12世纪亚该亚人[①]的社会军事制度、经济技术活动、神祇和礼仪等的文字资料：这些资料尽管残缺不全，且在许多细节上不可靠，但仍然揭示了一种与人们的想象完全不同的王宫文化，而在此之前，人们只能根据唯一的史料——晚了至少400年的荷马史诗来想象迈锡尼文化。不过，虽然迈锡尼语文学研究取得了进展，但在那以后还没有发现新的文献来推翻我承继于其他学者而描绘的迈锡尼王国的概貌，或对我得出的结论提出质疑。

但我采用过的一个说法现在看来至少是可以商榷的。我在谈到迈锡尼的君主瓦纳卡时，用了“神王”、“超人权力”等词，今天我不会再用这些词。我只能说，瓦纳卡除了担负其他职责外，还担负着宗教职责，但这并不一定意味着他本人已经被神化，也不意味着可以把他与弗雷泽（J. G. Frazer）在《金枝》中描写的那个能呼风唤雨、司掌丰产的巫师兼国王的形象相提并论，这个巫师兼国王的形象

① ［译注］亚该亚人：一译亚加亚人，古希腊4种主要居民之一（其他3种是：伊奥尼亚人、爱奥利亚人和多利安人），迈锡尼文化的创建者，故又称迈锡尼人。在荷马史诗中，该词则是对希腊人的通称。

还可以在某些受英国人类学影响的研究古希腊的学者的论著中找到。我本人在这一点上也从他们的论著，尤其是从我的老师热尔内（L. Gernet）的论著中得到过启发。

关于黑暗时代，考古学家才有资格发表意见，他们也不缺少这样的机会。在 1/4 世纪的时间里，他们获得了大量的发现，这些发现可以确切地说明，在迈锡尼文明崩溃造成的衰落之后，在公元前 11—前 8 世纪之间，技术、人口、经济方面的变化以及新的土地占有方式和农业方式是怎样出现的。这些变化和新方式导致了英国人斯诺德格拉斯（S. Snodgrass）所说的“结构革命”，古代的城市国家就是在这场“结构革命”中产生的。这样，从神话到理性的思想演变，这个属于我本人研究范围的问题，就被置于一个更加明确的背景中了。

我曾谈到，随着城邦的建立，出现了一种同构的、有中心的、新的社会空间。从事实材料方面来讲，我的这些观点应该用近年来的全部相关研究成果加以丰富。这些研究涉及古代城市的规划、歌队的组织和城邦的乡村辖区等问题，尤其还涉及殖民地的作用问题。殖民地较少受到古代城市传统的约束，因而成为更严谨的空间模式的实验和创新的策源地。

我还论述过表音文字以及法律条文的撰写和公布作为思想变革的工具所起的作用。这方面的论述同样也在近几十年来有关的争论中得到了必然的发展。从一种口头文化过渡到一种书写文化，这一事实对希腊理性产生了什么影响，是古希腊研究者们争论的焦点。在书写文化中，文字在社会生活的各个领域，在文学、哲学、科学创造的各个方面，都或多或少地占据着重要位置。

在政治道德思考和自然哲学这两个方面，某些论题是类似的，并且是同步提出的，如法则、秩序、平等。在这些问题上，我应该比以前更深入地论述一下雅典立法者梭伦（Solon）和米利都学派第一个自然哲学家泰勒斯（Thalès）之间的相似性。此外，在说明“法律面前人人平等”和“权力置于中间”（以防止任何人统治任何人）等概念在公元前 6 世纪所起的关键作用时，除了我过去援引的迈安得里乌（Maiandrios）的例子，我还应该加上公元前 550 年间的德莫那克斯（Démonax），以及阿利斯塔哥拉斯（Aristagoras）、卡德摩斯（Cadmos），当然还应该加上梭伦，他早在公元前 6 世纪初就已经夸口说自己维护了平等。

现在来谈一些实质性的问题吧。由于探讨问题的方法随着研究的进展而发生了变化，或者由于其他学者又从另外的角度论述过，所以有必要说明一下我在这些问题上的想法。

读过我这本书的人或许会以为，在我描绘的希腊思想发展的进程中，“神话”和“理性”这两个术语掌握了希腊思想的命运。在我看来，如此简单、武断的解释包含了一种误解。我早已明确说过，希腊人发明的不是“理性”这个唯一的、普遍的范畴，而是“一种理性”，一种以语言为工具、可以用来制约人而不是用来改造自然的理性，一种政治的理性，即亚里士多德所说的人是政治的动物这个意义上的政治的理性。我们甚至没有权力用单数的形式说“一种”希腊理性；只要像我在此书中所做的那样，不再停留在公元前6世纪的米利都哲学上，而是把后来哲学思考的发展，把医学论著，把希罗多德（Hérodote）和修昔底德（Thucydide）撰写的历史调查，把数学、天文学、声学、光学等方面的研究都考虑进去，那么我们就会对上述概貌作出较大的修改，就会参考不同类型的理性。这些理性对于事实的观察，对于证明的形式化要求给予了不同程度的关注，它们的思想方法、步骤、原则和目的也不尽相同。

对理性的这种认识同样适用于神话。人类学家近年来的研究成果告诉我们，不要试图把神话上升为某种属于人类天性的精神事实，似乎它永远在各处发挥作用，不是在纯粹理性活动之前，就是在纯粹理性的边缘或后面。在希腊问题上，有两个理由促使我们保持谨慎，要求我们在神话思维中区分不同的形态和不同的层面。“神话”（*muthos*）一词是希腊人传给我们的，但对于使用这个词的古代希腊人来讲，它的含义与我们今天所说的神话不同，指的是“讲话”、“叙述”。它最初并不与“逻各斯”（*logos*）对立，逻各斯最早的含义也是“讲话”、“话语”，后来才指称智性和理性。只是在公元前 5 世纪以后的哲学阐述和历史调查中，神话才与逻各斯对立起来，带上了贬义色彩，泛指一种没有严谨的论证或可信的证据支持的、虚妄的论断。从真实性的角度来讲，神话失去了信誉，与逻各斯形成对照。但即使在这种情况下，神话也不确指某一类有关神和英雄的神圣叙事。神话像普洛透斯（Protée）那样千变万化，涉及多种多样的事实，其中当然包括神谱和宇宙谱，但也包括传统中各种类型的传说、谱系、童话、谚语、寓言和格言，总之包括人们自发地口耳相传下来的一切。因此，在希腊背景中，神话并不是一种特殊的思想形态，而是在随意的交往、见面或闲谈中被一种无形的、匿名的、无法捕捉的力量传递并散播开来的全部内容，这种力量被柏拉图称为“传言”(*Phèmè*)。

然而，这种组成希腊神话全部内容的传言恰恰是我们无法把握的，因而就更有理由小心谨慎。当人类学家在那些保留了口头特点的传统文化中进行实地考察时，他们可以亲耳听到各式各样的叙事，这些不断重复的叙事构成了该社会集团成员共同的知识框架。但在研究希腊时，我们所掌握的只有并且永远只有书面文献。他们的神话不是以活生生的形式传给我们的，不是被传言不断重复、不断改动的话语，而是在史诗诗人、抒情诗人和悲剧诗人的作品中完全固定下来的故事。诗人们根据他们自己的审美要求对这些神话加以利用，赋予它们完美的形式，使它们具有文学性。古希腊时期的学者们对广泛流传的传说进行系统的采集、誊写和分类。用汇编的形式把它们集中整理在一起。这些集子与某个作者构思并撰写的作品在性质上完全一样。

所以今天的问题不是要让神话和理性像一对界限分明、各执武器的敌手一样相互对立，而是要通过具体的文献分析，比较一下赫西俄德等诗人的神学话语和哲学家、历史学家的著述在“运作”方式上有何不同，找出它们在结构的模式、叙事的组织和发展、词义游戏、叙述逻辑方面的分歧。

这正是1962年以来我和其他许多学者一起努力做的，为的是更准确地把握古希腊道路的特殊性，在这条道路上，神话作为虚构故事的特征逐渐凸显出来，与被当作有效的、有根据的推理的逻各斯形成越来越鲜明的反差。

上述有关神话形态和理性形态的论述又引出了一个非同小可的新问题：我的阐释给数学留出了什么样的位置？这种阐释在多大程度上指出了希腊人在数学方面的创新？或者说，在公元前6—前3世纪之间，希腊人为什么、怎么样走上了一条通向演绎科学的道路？这门随着欧几里得的理论而出现的、涉及抽象对象的科学，从有限的几条公设、公理和定义出发，把经严密演绎得出的命题一个接一个地连接起来，用具有形式化特点的验算来保证每个命题的有效性，并在连贯的推理中把这种有效性确定下来。

明确地讲，我没有直接触及这个问题。这不仅因为我不具备数学史研究的能力，缺少解决这个问题的武器，而且因为我首先考虑的是理清那些引起思想形态发生总体变化、导致思想史出现断层的条件，所以我把焦点聚在了一种全新的道德政治思考形式和一种全新的自然考察形式上，以便能够清楚地标示出这两类变革之间的联系。从这个角度讲，数学不是我关注的中心，我也没有必要对它作专门探讨。我倾向于匈牙利的萨博（A. Szabo）和英国的劳埃德（G. E. R. Lloyd）等科学史学家的观点，即认为希腊人在数学上的发展完全处在希腊思想变革的范围之内，而我试图具体描绘的正是这场思想变革的开端。

从这个意义上讲，我的观点接近于扎伊柴夫（A. I. Zaïtzev）最近在福罗洛夫（E. D. Frolov）主编的论文集中阐述的观点。扎伊柴夫继雅斯贝尔斯（K. Jaspers）之后也注意到，公元前 7—前 2 世纪之间，在中国、印度、伊朗、犹地亚、希腊等相距如此遥远的文明中，传统的宗教世界发生了深刻变化，出现了儒教、佛教、琐罗亚斯德教、犹太先知教以及希腊人对真理的哲学探索。但这样的比较同时也揭示了希腊的独特性。希腊的变化不是在宗教领域内部发生的，新的思想形态是在宗教的边缘和外部形成的，有时甚至与某些宗教信仰或官方礼仪公开对立。这种新思想的目的是通过一种累积性的个人探索达到真理，每个人都要反驳他的前者，提出与之对立的论据，这些具有理性特点的论据本身又可以引起讨论。在解释这种变化时，虽然扎伊柴夫首先强调了冶铁业取代冶铜业并得到普及的情况以及这一事实所导致的社会结构的动荡，但他也指出，希腊的独特性在于国家政权所具有的特殊形式，在于古代城邦的建立。城邦意味着全体公民都参与公共事业的管理，所有集体活动都具有完全的公开性。

当然，这个一般性的论断并不能免去专家们的工作，他们仍需对希腊人的几何和代数知识，对希腊人采用的证明方法进行研究，以便与埃及人、巴比伦人、印度人或中国人在这方面的知识作一比较，确定他们之间可能的影响或相似性。在法国，卡韦安（M. Caveing）从事的正是这类研究，他得出的有关希腊数学的独特性的结论，更加明确地印证、支持了我的阐释。

不过，这场争论今天又在数学史家之间重新展开，原因是他们中最博学者之一，冯·德瓦敦（B. L. Van der Waerden）于 1983 年发表了一部题为《古代文明中的几何学和代数学》的论著。他的依据是他所说的 3 个发现。第一个发现是赛敦博格（A. Seidenberg）从公元前 500—前 200 年的印度教科书中得出的结论，这些教科书规定了建筑祭坛时应采用的标准。赛敦博格认为，“毕达哥拉斯定理”在这些规定中占据的位置表明，巴比伦的代数学、希腊的几何学和印度的几何学有一个共同的来源。第二个发现是，如果把中国的算术论著与巴比伦的算题汇编相比较，就会看出它们之间有明显的相似性，以至于它们不可能不来自同一个源泉，在这个源泉中，“毕达哥拉斯定理”起着中心作用。最后一个发现是 A. 汤姆（A. Thom）和 A. S. 汤姆（A. S. Thom）对英国南部和苏格兰地区史前巨石建筑的布局的看法，这些看法似乎能证明，史前巨石建筑运用了“毕达哥拉斯三角形”。

冯·德瓦敦认为，根据所有这些研究成果，他有理由提出以下假设：在公元前 3000—前 2000 年间的新石器时代，中欧地区曾经存在过一门“数学科学”，这门科学传到了大不列颠岛、近东、印度和中国。这一构想对冯·德瓦敦来讲可能有两个好处，一是把数学的发明记在我们欧洲人远祖的功劳簿上，二是把这一发明与宗教礼仪的目的联系在一起。不用说，大多数专家是以极端怀疑的态度对待这种构想的，在他们看来，它赖以立足的基础非常不牢固。尤其是克诺尔（W. R. Knorr）对此提出了具体而激烈的批评。

我没有资格介入这场争论，只想指出与我的研究有关的一点。冯·德瓦敦提到，希腊人也知道这门“新石器时代的科学”，但他又补充说，“他们对这门科学进行了彻底的改造，发明了一种建立在定义、公设和公理基础上的演绎科学”。在我看来，正是这种“彻底的改造”应该放在我试图阐明其主要特征的思想背景中去解释，以显示它与希腊城邦特有的思想形态和社会生活形态之间的联系。

让-皮埃尔·韦尔南

1987年7月

引言

自从迈锡尼线形文字 B 被辨读出以来，我们所掌握的最早希腊文献的年代向上推移了 500 年。年代背景的深化改变了希腊思想起源问题所处的整个范围。如迈锡尼泥板文书向我们显示的那样，最古老的希腊世界在很多特征上都接近同时代的近东各国。克诺索斯、派罗斯和迈锡尼等地的线形文字 B 文献，以及乌加里特[①]、阿拉拉赫[②]、马里[③]、赫梯[④]的哈图萨斯等地发现的楔形文字文献显示出来的，都是同一类型的社会组织、相似的生活方式和相近的

① ［译注］乌加里特：古代迦南人的城市，位于叙利亚北部的地中海岸。

② ［译注］阿拉拉赫：叙利亚古城，即今土耳其境内的泰勒阿恰纳。

③ ［译注］马里：叙利亚古城，即今哈里里丘，在幼发拉底河右岸。

④ ［译注］赫梯：位于小亚细亚中部、黑海南岸的古国，都城为哈图萨斯。

人文性。而当我们阅读荷马史诗时，情景就变了：在《伊利亚特》中出现的已经是另一种社会和另一个人类世界，仿佛自荷马时代起，希腊人再也无法准确理解他们所属的迈锡尼文明的真相，他们以为，行吟诗人再现的就是过去的迈锡尼。

对于希腊人历史上的这一断层，我们必须努力澄清它，准确界定它。正如尼尔逊（M. P. Nilsson）指出的那样[①]，古典希腊的宗教和神话确实直接扎根于早先的迈锡尼文化。然而在其他方面，裂痕则显得相当深。公元前12世纪，在闯入大陆希腊的多利安人部落的推进下，迈锡尼势力土崩瓦解；在那场依次席卷派罗斯和迈锡尼的大火中，不只是一个朝代灭亡了，而且是一种王国制度被永远摧毁，一种以王宫为中心的社会生活形态被彻底废除，神王这个人物从希腊的地平线上消失了。迈锡尼制度的瓦解所产生的后果远远超出了政治和社会历史的范围，直接影响了希腊人本身，改变了希腊人的精神世界和某些心态。此后希腊又

① 参阅尼尔逊：《米诺斯—迈锡尼宗教及其在希腊宗教中的残余》，伦敦，1950年第二版。还可参见皮卡尔（Ch. Picard）：《希腊前的宗教》，巴黎，1948年版，及《希腊多神教的形成及涉及线形文字B的新问题》，收入《古希腊宗教中的东方因素》，巴黎，1960年版，第163—177页。

经历了一段被称为“希腊的中世纪”的漫长而黑暗的隔绝和恢复时期，但从那时起，神王的消失就为黑暗时代之后出现的两种相互关联的创新作了准备。这两种创新是：城邦的建立和理性思想的诞生。事实上，在几何风格时代（公元前900—前750年）后期，当希腊人在欧洲和伊奥尼亚恢复了与东方中断了几个世纪的交往时，当他们透过当地保存下来的文明重新发现了自己在青铜时期的某些历史特征时，他们没有像迈锡尼人那样走模仿和同化的道路。在东方化的鼎盛时期，希腊文化面对亚洲确立了自己的形象，仿佛正是由于恢复了与东方的接触，希腊文化才更清楚地意识到它自身的存在。希腊的特征可以通过一定的社会生活形态和思维模式来认识，在希腊人看来，这种社会生活形态和思维模式确定了希腊的独特性和它相对于野蛮世界的优越性：他们取消了那个在秘密宫殿中不受限制和控制地行使最高权力的神王，政治生活成了公众集会广场上人们公开辩论的内容，参加辩论的是被定义为平等人的公民，国家是他们的共同事务；与王国礼仪和王权神话相联系的古代宇宙谱，被一种新思想所代替，这种新思想试图在宇宙各组成部分的对称、平衡和平等的关系上建立世界的秩序。

要考察这样一种希腊理性的诞生过程，追寻它在摆脱宗教思想时走过的道路，指出它从神话中继承了什么、它又是如何超越神话的，那就必须将公元前8—前7世纪这一转折时期与迈锡尼背景作一比较和对照。希腊正是在这个转折时期站在了一个新的起点上，探索属于它自己的道路：这是一个决定性的变革时代，它在东方化风格盛行的同时，奠定了城邦制的基础，并通过政治思想的世俗化确保了哲学的到来。

第一章

历史背景

公元前2000年，地中海两岸的东方和西方还没有截然分开。爱琴世界和希腊半岛，就其居民和文化而言，一方面通过基克拉泽斯群岛和斯波拉泽斯群岛而与安纳托利亚①高原保持联系，另一方面又通过罗得岛、西利西亚②、塞浦路斯、叙利亚北岸而与美索不达米亚和伊朗保持联系。基克拉泽斯文化时期③，克里特岛与安纳托利亚的关系占主导地位；当克里特人摆脱了基克拉泽斯文化，在

① ［译注］安纳托利亚：古代希腊人对小亚细亚的称呼，意为“太阳升起的地方”，相当于今土耳其亚洲部分。

② ［译注］西利西亚：古代小亚细亚南部地区，今属土耳其。

③ ［译注］基克拉泽斯文化：在爱琴海的基克拉泽斯群岛兴盛繁荣的青铜时代早期文化，与稍晚于它的克里特文化和迈锡尼文化共同构成爱琴文化。

菲斯托斯[1]、马里亚[2]和克诺索斯等地建立起最初的王宫文明时（公元前2000—前1700年），他们仍然受到近东各大王国的影响。克里特王宫和近期在阿拉拉赫、欧朗提斯河湾、马里等地以及在美索不达米亚通向大海的沙漠旅行道路上发掘出的王宫遗址之间，有着惊人的相似性，以至于被认为出自同一流派的建筑师、画家和壁画家之手[3]。克里特人还通过叙利亚海岸与新王国时期的埃及接触，此时的埃及对克里特人的影响虽不像伊文思（A. Evans）时代的人们想象的那样具有决定性，但至少已经被证实。

公元前2000—前1900年间，一批新移民闯入大陆希腊，他们的所有特征，如房屋、墓地、战斧、铜制兵器、工具、陶器（很有特点的米尼亚灰陶）等，都标志着他们与前一个时期，即早期希腊底[4]时期的居民和文化的

---

① ［译注］菲斯托斯：希腊克里特岛上的古城。

② ［译注］马里亚：希腊克里特岛上的古城。

③ 参见伍莱（L. Woolley）：《湮没的王国》，伦敦，1953年版；帕罗（A. Parrot）：《马里考古记》，第二卷，巴黎，1958年版。

④ ［译注］“希腊底”（Helladique）一词源自“希腊”（Hellad或Hellas），在考古学上指古代希腊本土的青铜文化，分为早期、中期、晚期，晚期希腊底相当于迈锡尼文明。

决裂。这些入侵者就是米尼亚人①，他们是后来不断涌入希腊的诸多部落的前卫。这些部落在希腊定居，在群岛上安营，占据了小亚细亚的沿海地带，并一直向西地中海和黑海方向挺进，最终形成了我们所了解的成文历史时期的希腊世界。这些希腊人的祖先，不论来自巴尔干半岛还是来自南俄罗斯平原，都属于印欧民族，但他们已经有了自己的语言，讲的是一种古希腊方言。他们在地中海沿岸的出现不是孤立的现象，同一时期地中海彼岸也出现了一股与之齐头并进的势力，即抵达小亚细亚并一直扩展到安纳托利亚高原的印欧赫梯人。在沿海的特洛阿德地区②，从第一时期的特洛伊③（始于公元前 3000—前 2600 年之间）到第五时期的特洛伊，维持了将近 1 000 年的文化和人种连续性突然中断了。第六时期的特洛伊（始于公元前 1900 年）最为富饶强盛，是王国的都城。这个时期的居

① ［译注］米尼亚人：古希腊居民中的一支，相当于伊奥利亚人，米尼亚文化尤以米尼亚陶器（又译为“明洋陶器”）著称。

② ［译注］特洛阿德：古代小亚细亚的一个地区，以特洛伊城为中心。

③ ［译注］特洛伊：又名伊利昂，安纳托利亚（即小亚细亚）西北部的古城，位于今土耳其境内。19 世纪后半叶德国考古学家谢里曼首次发掘该城遗址，将其按照考古的 9 个层次分为 9 个时期。后来的考古学家确认，第七时期的特洛伊相当于“荷马的特洛伊”。

民是希腊米尼亚人的近亲，他们能制造同样的陶器，即用陶轮加工、在封闭的陶炉中烧制而成灰陶，这种陶器在大陆希腊、伊奥尼亚各岛、塞萨利亚及哈尔基季基等地均有流行。

另一个文化特征也表明了地中海两岸的两个民族的相似性：随着第六时期特洛伊城居民的到来，特洛阿德地区出现了马匹。“马儿成群”，这是荷马借用古代传说中的格言风格对马所作的形容，让人联想到达尔达尼[①]地区的富裕景象。特洛伊的马像特洛伊的布一样远近闻名，亚该亚人在远征特洛伊之前就对这一地区感兴趣，这与特洛伊马的名声不无关系。亚该亚人的远征摧毁了普里阿摩斯城（第七时期的特洛伊），这成为荷马史诗故事的起点。同特洛阿德的米尼亚人一样，希腊的米尼亚人也懂马：他们在到达希腊之前居住在大草原上，可能养过马。史前史研究表明，海神波塞冬（Poseidon）在统治大海之前是一个马神。在最早的希腊人以及其他部族的人的思想中，由于波塞冬，马的主题和一系列神话因素联系在一起：马和液体元素，马和地下水、地狱、繁殖，马

① ［译注］达尔达尼：特洛阿德地区的古名。

和风、云、雷雨、暴风雨，等等。马在一个社会中的地位、声誉和重要性很大程度上取决于它的军事价值。能帮助我们弄清这一问题的希腊史料始于公元前16世纪：迈锡尼的墓圈（公元前1580—前1500年）中发现了一些墓碑，上面刻画着战斗场面或围猎场面，其中有一个立在战车上的战士，正被马拉着向前飞奔。这一时期，米尼亚人早就在大陆希腊定居下来了，已经与当地前亚细亚血统的居民密切混合在了一起，大陆希腊的城市生活是从首领居住的城堡下开始的。当米尼亚人与米诺斯（Minos）①的克里特岛接触时，克里特人正处在复兴时期，已经修复了公元前1700年左右首次被毁坏的宫殿。克里特人向米尼亚人展示了一种全新的生活方式和思维方式。这时的迈锡尼世界已经开始逐渐克里特化，并在公元前1450年之后，最终形成了一种克里特岛和大陆希腊共有的王宫文明。不过，那种两匹马拉的轻型战车不会是克里特人带来的，在米诺斯晚期第一阶段（公元前1580—前1550年）之前，克里特岛上还没有出现马。在这点上，如果说

① ［译注］米诺斯：克里特岛传说中的国王叫米诺斯，故克里特文化又称为米诺斯文化。克里特人又称为米诺斯人。米诺斯文化分早期、中期、晚期，与希腊本土的希腊底文化的3个时期大致对应。

有债务，负债人更可能是米诺斯人。相反，战车的使用更突出了正在建设中的迈锡尼世界或亚该亚世界与赫梯王国的相似性。赫梯王国大约是在公元前 16 世纪时从其东邻胡里人那里借用了这种作战技术。胡里人不属于印欧民族，但他们依附于一个印度—伊朗王朝——米坦尼帝国。对于这些熟悉养马的民族来讲，战车的使用大概带来了选马和驯马的新问题。这在米坦尼帝国一个名叫基库里（Kikkuli）的人撰写的马学著作中有所反映，这本书被译成了赫梯语。公元前 14 世纪初，在赫梯人和被他们称为“亚该瓦人”（即亚该亚人或迈锡尼人）的民族的交往中，马的问题曾起过作用。赫梯都城哈图萨斯的王室档案在提到“亚希亚瓦”王国（即亚该亚王国）时，讲述了亚该亚几个王子来赫梯王宫客居和学习驾驭战车的情况，其中一个王子名叫塔瓦加拉瓦（Tawagalawas，他也许就是神话中的埃提奥克勒斯［Eteokles］）。赫梯国王穆尔西利斯（Mursilis）的名字同国王俄诺玛俄斯（Oinomaos）的车夫密耳提罗斯（Murtylos）的名字很相近。我们知道，在有关佩罗普斯（Pélops）——迈锡尼阿特柔斯王族（Atrides）的祖先的传说中，密耳提罗斯扮演过一个角色。

俄诺玛俄斯统治着伊利斯[①]。他有一个女儿，名叫希波达弥亚（Hippodamie），谁想娶她为妻必须先与她的父亲赛车，胜利才能赢得她，失败则意味着被处死。许多求婚者前来参赛，但都被拥有战无不胜的马匹的国王甩在了后面，他们的头颅被拿去装饰王宫的墙壁。佩罗普斯在希波达弥亚的帮助下，买通了国王的车夫密耳提罗斯：车赛正激烈时，俄诺玛俄斯的战车因车轴被破坏而断裂了。这样佩罗普斯便赢了比赛，同时得到了驯马姑娘[②]和王位。至于那个过于机灵、过于大胆的车夫密耳提罗斯，则被佩罗普斯择机除掉了。后来诸神把他变成了夜空中的御者星座。

在这个争夺王位的故事中，驾车比赛是在波塞冬的庇护下进行的。波赛冬，这个古老的马神，在迈锡尼文明的这一时期不再以马神的面目出现，而是以战车之主、军人和贵族的面目出现。事实上，为胜利者祝圣的地方就是科林斯的波塞冬祭坛，这里被选为车赛的终点。另外，传说中，佩罗普斯也与波塞冬有密切关系。年轻的佩罗普斯曾被父亲剁成碎块扔进锅里祭神，当他刚从这场考验中起死

---

① ［译注］伊利斯：位于伯罗奔尼撒半岛西北部的古代希腊城邦，以养马和奥林匹亚竞技闻名。

② ［译注］希波达弥亚这个名字意为“驯马人”。

回生时，就被波塞冬“劫持”，做了他的“马弁”。斯特拉博（Strabon）曾根据埃福罗斯（Ephore）的记载，向我们介绍了这种在克里特军事社会中保留下来的古老习俗①：劫持行动必须遵守严格的礼仪，劫持者应赠送礼品，被劫持的少年应和劫持者一起度过两个月的隐居生活。少年获释时会得到一份规定的馈赠：一身军装、一头牛和一个酒杯。波塞冬也向佩罗普斯赠送了礼品：一辆战车，它象征着年轻人在与神的亲密相处中获得的力量。

驾驭战车需要进行艰难的训练，因此战争职能变得更加专门化，这是印欧民族社会组织和精神面貌的一个特征。此外，为了在战场上集中调用战车，需要大量的战车储备，这就意味着要有一个足够广阔和强大的中央集权国家，在这个国家里，战车手不论有什么样的待权，都必须服从一个统一的权力机构。

在迈锡尼王国，军队的情况可能就是这样。自从线形文字 B 被辨读出以来，我们了解到，迈锡尼军队自公元前 1450 年起开始控制克里特，他们以主人的身份进驻并掌管

① 参见热尔内：《古希腊的法律与前法律》，收入《社会学年鉴》，1951 年，第 389 页及以下。

了克诺索斯王宫，直到公元前1400年王宫被一场可能是当地反叛力量点燃的大火焚毁。迈锡尼势力的扩张从公元前14世纪持续到公元前12世纪，亚该亚人先后在东地中海各处取代了克里特人的地位。公元前14世纪初，罗得岛就已被亚该亚人占领了。“亚希亚瓦”王国可能就建在这个未遭大陆袭击的岛上，这个王国的君主曾受到赫梯国王的平等礼遇。亚该亚国王可以从罗得岛控制安纳托利亚海岸上他有力量占据和安营的几个地点。在米利都、科洛丰①、克拉洛斯②，在更北部的莱斯沃斯岛，尤其在与其关系甚密的特洛阿德，以及在南部海岸的西利西亚和潘菲利亚③等地，亚该亚人的出现都已被证实。同样是在公元前14世纪初，迈锡尼人强行进驻塞浦路斯，在安科米④修建了一座与阿尔戈利斯⑤相仿的城堡。他们又从塞浦路斯到达叙利亚海岸，那里是通往美索不达米亚和埃及的必经之路。公

① ［译注］科洛丰：小亚细亚希腊殖民地伊奥尼亚地区古城。

② ［译注］克拉洛斯：小亚细亚希腊殖民地伊奥尼亚地区古城，以阿波罗神殿著称。

③ ［译注］潘菲利亚：古代小亚细亚南部滨海地区。

④ ［译注］安科米：塞浦路斯岛上的古城，公元前2000年间曾是一个青铜交易中心。

⑤ ［译注］阿尔戈利斯：位于希腊伯罗奔尼撒半岛东北部的古地区，迈锡尼文化发源地，地区内有迈锡尼、梯林斯等古城。

元前15世纪时居住在乌加里特（该城同塞浦路斯人有黄铜贸易往来）的一支克里特移民曾对这个城市的文化乃至建筑有过影响。在此后的一个世纪中，迈锡尼移民代替了克里特移民，他们人数众多，占据了该城的一个区。同一时期，阿拉拉赫也成了亚该亚人的一个重要中心，它位于欧朗提斯河上，是幼发拉底河和美索不达米亚的门户。亚该亚人向南一直深入到了腓尼基①、比布鲁斯②和巴勒斯坦。整个这一地区最终形成了一种塞浦路斯—迈锡尼共同文明，它完全融合了迈锡尼—米诺斯成分与亚细亚成分，其文字同迈锡尼音节文字一样，也是从线形文字A派生出来的。公元前15世纪期间曾同克里持人有过长期贸易关系的埃及，在公元前1400—前1340年间又向迈锡尼人敞开了大门，欢迎他们自由来往。在这里，“克甫基乌人”③，即克里特人，又一次被逐渐淘汰，让位给了他们的竞争对手，克里特岛不再像前一个时期那样起着沟通埃及和大陆希腊的中介作用。当埃及国王阿肯那顿（Akhenaton），即阿孟霍特鲁四世（Amenhotep IV）于公元前1380—前1350年

---

① ［译注］腓尼基：古代地区，今叙利亚沿海地带，中心在今黎巴嫩。

② ［译注］比布鲁斯：今名朱拜勒，黎巴嫩贝鲁特古代海港和最古城镇之一。

③ ［译注］克甫基乌人（Keftiou）：埃及草纸文献上对克里特人的称呼。

间放弃旧都底比斯、迁居阿马纳时，一批迈锡尼移民可能已经住在阿马纳了。

由此可见，富有冒险精神的迈锡尼人，在他们到达的所有地区都与东地中海各大文明密切地结合在一起，融入这片近东世界。近东世界尽管有其多样性，但由于大规模的接触、贸易和往来，仍然成为一个整体。

第二章

迈锡尼王国

线形文字 B 泥板文书的辨读，明确解答了考古学提出的一些问题，但也引发了一些新的问题。除一般的解释方面的困难之外，还有音读方面的困难。因为线形文字 B 从一种本不是用来书写希腊语的音节文字派生而来，只能极不精确地记录迈锡尼语的语音。此外，我们的资料还很有限，真正的档案还没找到，现在有的只是一些写在砖坯上的年度财务清单，这些砖坯若不是因王宫火灾的烧制而保存下来，可能会被抹去文字再次使用，这里只举一例便足以说明我们缺少资料，所以必须小心谨慎：泥板文书中经常出现的“特雷塔”（te-re-ta）一词，至少已有 4 种解释：祭司、封建贵族、“村社公有土地”（*damos*）上的佃农、仆人。因此我们不可能保证描绘出迈锡尼社会组织的全貌。

不过所有的解释，包括截然相反的解释，在下面几点上却是一致的，并且从现有的资料来看，我们可以认为这几点已得到充分的证实。

迈锡尼王国的社会生活以王宫为中心，王宫同时具有宗教、政治、军事、行政和经济的作用。在这种被称为王宫经济的体制中，国王集政权和王权的所有职能于一身，依靠一个传统的固定职业阶层——书吏，借助一种由王宫显贵和王室检察官组成的复杂的等级制度，严密地控制和管理着经济生活的各个领域和社会活动的各个方面。

书吏在入档的账目中记录以下的情况：畜牧业，农业，以谷物为估量单位的地租（计算税率或计算播种量），拨给各行业的原料和产品订单，闲置和被占用的劳动力，个人和国王拥有的奴隶（包括男人、女人和儿童），王宫向个人和集体征收的各种捐税，已经交纳和有待收取的财物，为了给国王的船队配备桨手而向某些村庄招募的人员，军队的编制、指挥和行动，祭神，预计的供品定额，等等。

在这样一种经济体制中，我们看不到私人贸易的位置。尽管存在一些带有“获取”、“出让”等含义的词汇，但没有证据表明存在着金银支付的形式或商品和贵金属之间的等价关系。王室的行政机构似乎既控制着财富的生产，也控制着财富的分配和交换。王宫在经济网络的中心指挥着纳贡和赏赐的双向流通，产品、工程和劳役都有章可循，记入账目，以王宫为中介相互流通和交换，使王国的各个部分联系在一起。

有人把这种制度叫作“官僚王国”，这个过分现代化的术语强调了这种制度的一个方面，即它自身的逻辑必然使控制越来越严，越来越细，甚至记下一些在我们看来似乎没有意义的琐事。我们应该将迈锡尼王国与近东两河流域的大国作一比较。这些国家的组织形式是为了适应，至少是部分地适应在广阔区域内协调排水、灌溉、水渠维护等农业生活必不可少的工程的需要而产生的。迈锡尼王国是否也有类似的问题要解决呢？科皮阿斯湖[①]确实是在迈锡尼时期排干的，但阿尔戈利斯、麦西尼亚和阿提卡等平原地区的情况又是怎样的呢？我们看不出有什么按照总体规划来治理土地的技术需要能刺激或促使希腊产生一种高度集中的行政管理体制。古代希腊的乡村经济分散在村社的

① ［译注］此湖是位于希腊波奥提亚地区的古代湖，现已变为平地。

层次上，农活儿的协调很少超出邻里小组的范围。

迈锡尼世界与近东两河流域文明的区别并不仅仅表现在农业上。帕尔梅（L. R. Palmer）承认迈锡尼王宫在社会生活中起着中心作用，但同时明确指出了迈锡尼社会与印欧世界相关的那些特征。迈锡尼与赫梯人的相似性尤为明显：即使在东方化过程中，赫梯人仍保留了某些与他们的军事组织相联系的特殊制度。国王周围聚集着赫梯大家族中与国王最亲近的人物，他们是王宫的达官贵人，有代表高级行政职务的头衔，但也行使军事指挥权。他们和手下的战士一起组成“军人大会”(*pankus*)，这种代表赫梯社会的大会排斥其他居民，只有全体军人参加，这就是印欧社会把军人和村民（包括牧民和农民）对立起来的模式。这些军事贵族构成一个独立的阶层，他们在自己的采地上由依附于土地的农民供养，至少他们中的显贵是如此。赫梯军队的主要力量——战车手便源于这个阶层。起初军人大会机构拥有广泛的权力：君主可能是选举出来的；后来新国王的产生可能不再由军人大会批准，以避免王位继承的危机。最后一次关于军人大会的记载见于公元前 16 世纪末赫梯国王泰利皮努斯（Telepinus）的一份宣言，这一机构最终被废除了。这样，赫梯王国也许更接近东方的绝对君主制模式，较少地依靠一个以军事力量谋求政治特权的贵族阶层，而更多地依靠一种直接隶属于国王的行政等级制度。①

赫梯王国的例子是由那些反对把迈锡尼解释为“官僚王国”的学者们提出的，他们用“封建特征”来代替“官僚王国”的说法。实际上，这两种说法都不合适，而且两者的对立本身就是年代错误。事实上，在迈锡尼王宫行政机构的每一个级别上都有一种个人效忠的关系把显贵与国王联系在一起，他们不是为国家服务的官吏，而是国王的臣仆，他们的职责是在国王委以重任的地方显示国王所体现的那种绝对统治权。所以我们看到，在王宫经济的范围内，分工往往很细，职能专门化，逐级设有监督员和监督长，但与此同时，行政权限又相互重叠，漂浮不定，国王的每个代理人都被委任在各自的级别上行使权力，而这种权力，从本质上讲，可以无限制地覆盖社会生活的全部领域。

因此，重要的不是把官僚王国的概念和封建王国的概念对立起来，而是在各个王宫经济社会共有的那些因素后

① 参阅格尼（O. R. Gurney）：《赫梯人》，伦敦，1952年版。

面，找出具体界定迈锡尼社会的特征，这些特征也许可以解释，为什么这种类型的君主制在希腊亚该亚王朝衰落后没能保存下来。

从这个角度讲，与赫梯人的比较就显得卓有成效了，这种比较突出了克里特王宫文明和曾经以它为榜样的迈锡尼世界之间的区别。这两个王国的差异在各自的宫殿建筑上已经反映出来了[①]，克里特的宫殿是由许多房舍组成的迷宫，房舍似乎杂乱无序地分布在一个中央庭院的周围，宫殿与附近的村野处在同一平面，不加防守地朝着村野敞开，宽阔的大道直通王宫。而迈锡尼的城堡则以正厅和王位厅为中心，它是带有围墙的城堡，是首领的巢穴，居高临下，监视着脚下的平原。这种城堡是为支撑王位而建造的，它除了国王的住宅及其附属建筑外，还包括军事首领和王宫显贵等国王亲信的房屋。城堡的军事作用看来主要是防御，即守护王室的宝库。宝库中，除囤积着受到正常监督的、由王宫在王国经济范围内发放的各种储备外，还存放着另一类珍贵财物，这就是各种奢侈品：首饰、酒杯、

① 参阅彭德尔伯里（J. D. S. Pendlebury）：《米诺斯王宫手册：克诺索斯及其附属地区》，伦敦，1954 年版；米洛纳斯（George E. Mylonas）：《古代迈锡尼》，伦敦，1957 年版。

爵、鼎、金银器皿、精制兵器、金属锭、地毯、刺绣织品。这些奢侈品是权力的象征，是维护个人威信的工具，反映了王室特有的富裕。它们为一种远远超出王国疆界的慷慨交易提供了材料，当作馈赠品或回赠品来确认氏族联姻和政治联盟，制造一些义务，奖赏附庸国，与遥远的国家建立友善关系；它们还是冲突和争端的对象：正像它们可以作为礼物来接受一样，它们也可以通过武力来夺取，举兵讨伐、捣毁城市等行动往往是为了抢夺珍宝；此外，它们比任何其他形式的财富都更易于个人死后继续占有，它们作为死者的附属品被安放在死者身边，随死者一起进入坟墓①。

泥板文书的记载使我们能够对迈锡尼王室和宫殿的概貌做出更详尽的描述。迈锡尼的国王处在社会组织的最高层，其称号是“瓦纳卡”。他的权力遍及军事生活的各个方面：王宫控制着武器的定制，战车的配备，士兵的招募，军官的任命，部队的组织和行动。然而，国王的权力并不

① 参考“*Ktèmata*”和“*patrôa*”的对立含义：前者指个人获得的、可以自由支配的财产，特别指属于个人的那份战利品，后者指属于家族集团的、不能转让的财产。

仅仅局限于军事和经济领域。瓦纳卡还负责宗教生活，他详细地规定宗教日程，监督宗教仪式和纪念诸神的节日典礼，审定祭祀用的牺牲、植物供品和依照每人的地位征收的贡品份额。我们可以设想，国王之所以能在所有领域行使权力，是因为他作为君主与宗教世界有着特殊的关系，与人数众多、势力强大的祭司阶层结合在了一起。[①] 为了支持这一设想，我们要指出，希腊人直到城邦制时期仍没有忘记国王的宗教职能，他们用神话的形式把记忆中的那个法术高明、司掌天气、带来丰年的神王形象保存了下来。在克里特人的传说中，米诺斯王每隔 9 年要去伊达山的洞穴中接受一次考验，通过与宙斯的直接接触来更新他的王权。[②] 与这一传说相对应的是斯巴达的神意裁判：斯巴达的监察官每隔 9 年就让他们的两个国王接受一次神意裁判，监察官凝视神秘的夜空，以便从中看出国王是否犯过妨碍行使国王职能的错误。由此我们还联想到赫梯国王：赫梯国王即使在战斗最激烈的时候，也可以因宗教义务的需要而抛下他指挥的军队，在规定的日期返回王国首府，负责

① 参阅勒热纳（M. Lejeune）：《迈锡尼文献中的男女祭司》，收入《纪念乔治·迪梅齐尔专辑》，第 129—139 页。

② 《奥德赛》，XIX。

主持宗教仪式。

瓦纳卡的身边是迈锡尼王国的第二号人物“拉瓦凯塔”（la-wa-ge-tas），他是“武装的人”（*laos*）的首领，即军人集团的首领。军人集团中的这些“伙伴”（e-qe-ta，请对照荷马史诗中的“*hetairoi*”：“秘密团体”）身穿特殊式样的制服，他们像赫梯大家族一样是王宫的显贵和国王的亲信，同时还是一个军事单位的长官，或者是负责王室与地方指挥部门之间联系的官吏。另外，如果我们同意帕尔梅的观点，把“特雷塔”解释为封建制度的效劳者、拥有土地的贵族，那么“特雷塔”可能也在军人集团之列。根据派罗斯的一块泥板文书的记载，他们中有 3 人可能是相当重要的人物，享有一块只有瓦纳卡和拉瓦凯塔才享有的“王田”（*temenos*）。① 在荷马史诗中，“王田”是迈锡尼社会有关土地的所有词汇中唯一保留下来的词，意指一块可耕地或葡萄园，通常把这块土地连同使用它的农民一起献给国王和神，或者献给某个重要人物，作为他的特殊功劳或军事业绩的报酬。

迈锡尼王国的土地所有制很复杂，许多词汇的歧义

① 这块泥板文书的释读尚有争议。其他文献似乎把“特雷塔”和“村社公有土地”紧密联系在一起。若是这样，“特雷塔”指的就是佃农。

性更增加了理解这种制度的困难。① 占有一块土地以及这块土地的收益，这似乎意味着与此相应的多种劳役和贡赋。往往很难确定一个词究竟是只有纯技术含义还是标志着某种社会地位，如“荒地”、“开垦地”、“由牧场变成的耕地”、“大面积或小面积的田地”等。不过，有两种土地所有制的对立是十分明显的，它们代表了一个“克托那”(ko-to-na)，即一份土地，可能具有的两种不同形式。其中“基提迈那克托那”(ki-ti-me-na ko-to-na）是私人占有的土地，与之相反的是“科克迈那克托那”(ke-ke-me-na ko-to-na)，它属于村社共有的土地，是乡村社团的集体财产，实行“露地耕作制”(open-field)，可能要按期重新分配。关于这个问题，帕尔梅也与赫梯法典作了富有启发性的比较。赫梯法典也区分两种土地所有制，一种是为封建制度效劳的军人的土地，直接隶属王宫，服役一旦结

① 土地制度的复杂性从词义分得很细的词汇中反映出来，其中很多词的含义至今仍不清楚，如“wo-wo”、“ka-ma”、“ko-to-no-o-ko”、“o-na-to”等词的含义尚有争议。“o-na-to”一词指一种租赁制，但无法知道租赁是以什么具体形式进行的。此外还可以设想，有关村社公有土地的问题，泥板文书中提到的只是土地的出让情况，不论这种出让是临时性的还是永久性的，最后，除村社土地和奴隶外，是否还有一个依附于土地的农奴阶层？这很难讲。

束，土地便收归王宫。与此相反，“使用工具者”，即手工匠人拥有的土地叫作“村田”，乡村集体让给他们使用一段时间，待他们离开时再收回。[①] 我们还可以援引印度的例子，说明印度也存在类似的结构。与“吠舍”（vaiçya），即农耕者或村民相对的是“刹帝利”（ksatrya），即军人。这些军人占有一份属于个人的土地，就像迈锡尼贵族占有一块与村镇的公田相对的私田一样。所以，在迈锡尼社会，这两种不同的土地占有形式意味着更为根本的两极对立：与王宫、王室以及所有那些直接隶属于王宫或通过各自的采地隶属于王宫的人相对的，是以村镇的形式组织在一起的、有着自己的生活的乡村世界。这些村镇拥有一部分土地，村镇里的人定居在这儿，依照惯例和地方等级的规定来解决他们那个层次上出现的农活儿、畜牧业、邻里关系等问题。就是在这样一个乡土背景中出乎意料地产生了“帕赛勒乌”（pa-si-re-u）这个人物，即荷马史诗中的“巴赛勒斯”（*basileus*）。正常情况下，我们可以把这个

① 帕尔梅对希腊语“demiurgos”一词提出了如下解释：该词不是指“为公众工作的人”，而是指“耕种一块村田的人”；与此相反的解释，参见穆拉卡瓦（K.Murakawa）：“Demiurgos”，载《历史》，1957 年，第 6 期，第 385—415 页。

头衔译成“国王”，但巴赛勒斯恰恰不是住在王宫里的国王，而只是一个领主，是附属于瓦纳卡的乡村领地上的首长。在一种全部事项都要入账的经济体制中，这种附属关系也具有行政职责的形式：我们看到，巴赛勒斯负责监督向那些在他的领地上为王室工作的铜匠分配青铜。当然，他本人以及当地的其他富人也要按照规定的份额提供金属原料。[①] 除巴赛勒斯外，还有一个长老会也证实了乡村社团的这种相对自主性。长老会的成员可能都是最有势力的家族的族长。至于那些可在军队中当步兵的普通村民，即本义上的“村社公有土地上的人”，用荷马史诗中的话说，他们对战争和长老会来讲都无足轻重，至多只能充当听众，听那些有资格的人讲话，只能用满意或不满意的喊声来表达他们的意见。

另一个与巴赛勒斯相关的人物是“科雷特”(ko-re-te)，似乎是村长之类的角色。我们可以设想，地方上的这种双重领导也许与我们在王宫范围内看到的那种双重领导相对应：巴赛勒斯相当于瓦纳卡，其职能可能主要是宗教的（我们可以联想到古希腊时期的部族长 [*phylobasileis*]），

① 认为“帕赛勒乌”就是“巴赛勒斯”的这种解释最近受到质疑。帕尔梅认为，“帕赛勒乌”是一种地方官吏，负责监督为王室工作的铜匠小组。

科雷特则相当于拉瓦凯塔，其职能可能是军事方面的。

尽管我们的资料还很不全，但我们仍可以从中总结出迈锡尼王国的一般特征：

1. 首先是军事特征。瓦纳卡依靠的是军事贵族，战车手服从瓦纳卡的权威，但同时又在王国的社会组织和军事组织内部组成一个特权集团，具有特殊的地位和特殊的生活方式。

2. 乡村社团和王宫之间可能不存在一种离开王宫便难以为继的绝对从属关系。即使取消国王的控制，乡村社团仍将继续以同样的技术耕种同样的土地。和以往一样，社团必须用多多少少带有义务性质的货物、礼品、贡赋来养活国王和当地的富人，但不同的是，现在只在村镇的范围内进行。

3. 王宫的组织形式连同其行政人员、财务管理技术、社会经济生活的严格规定等，都显出一种借鉴性质。整个体制赖以立足的基础是文字的使用和档案的建立。原先的克里特书吏现在转过来为迈锡尼王国服务，他们把在克诺索斯王宫中使用的线形文字（即线形文字 A）加以改造，用来记录新主人的语言（即线形文字 B），从而为新主人带来了把王宫经济特有的行政方法移植到大陆希腊的手段。

泥板文书的语言在时间上（克诺索斯的文献和派罗斯的文献在年代上相距150多年[①]）和空间上（不仅在克诺索斯、派罗斯和迈锡尼，而且在梯林斯、底比斯和奥科美那斯等地都有发现）的异常稳定性表明，这是一种在极其封闭的圈子里维持下来的传统。克里特书吏这一特殊阶层，在为迈锡尼国王提供管理王宫的技术的同时，也提供了管理王宫的行政人员。

对于希腊的君主来讲，王宫制度是一种出色的权力手段，它使国家能对一片辽阔的领土进行严格控制，把地方上的全部财富吸引过来，掌握在国王手中，把丰富的资源和庞大的军事力量集中在一个统一的领导之下，使人们有可能到遥远的国度去冒险，到新的土地上安家，或者远渡重洋去获取大陆希腊缺少的金属和物品。王宫经济体制、迈锡尼在地中海的扩张、希腊本土在农业之外发展起来一种已经高度专业化的手工业（这种手工业按照东方的模式组成"基尔特"，即行会），这几方面的关系看起来非常密切。

① 按照伊文思确定的克诺索斯文献的年代计算。有关帕尔梅和胡德（S. Hood）在这个问题上的争议，参见雷宗（J. Raison）：《关于克诺索斯年代的争议》，载《纪尧姆·比代研究会通讯》，1961年，第305—319页。

正是这样的一整套体制被多利安人的入侵摧毁了。多利安人的入侵使得希腊与东方的交往中断了好几个世纪。迈锡尼被击败后，海域不再是通途，反而成了障碍。被孤立的大陆希腊闭关自守，重新回到一种单纯的农业经济形态中。我们在荷马时代的希腊再也看不到可以与迈锡尼世界相比拟的劳动分工和在相当广泛的范围内使用的奴隶劳动力。荷马时代的希腊没有那些被组织在王宫周围或者被安置在村镇中按照王室的要求工作的手工行会。随着迈锡尼王朝的衰落，整个王宫体制都崩溃了，而且再也没有复兴。“瓦纳卡”一词从纯政治词汇中消失，其技术性含义（指称国王的职能）则被“巴赛勒斯”一词代替。如前所述，巴赛勒斯一词本来只有地方意义，它不指某个集所有权力形式于一身的个人，而是以复数形式指称某一类位于社会等级最高层的要人。瓦纳卡的统治被废除后，我们再也看不到国王控制的痕迹，也看不到行政机构和书吏阶层的痕迹，文字本身也消失了，仿佛被埋没在王宫的废墟中。当希腊人在公元前 9 世纪末从腓尼基人那里借来文字时，他们重新发现的不仅是另一种类型的拼音文字，而且是一个迥然相异的文化事实：文字不再是书吏阶层的专长，而成为普通文化的一部分。文字的社会学和心理学意义也发生了变化，或者说发生了反转：文字不再用来为国王在秘密的宫殿里建立档案，而是用来满足公共职能的需要，它可以把社会政治生活的一切内容都公布出来，置于所有人的目光之下。

第三章

王权的危机

随着迈锡尼势力的衰落和多利安人在伯罗奔尼撒、克里特岛、罗得岛的扩张，希腊文明进入了一个新时代。冶铁业代替了冶铜业，火葬在很大程度上代替了土葬，制陶术也发生了非常深刻的变化，抛弃了原来表现动植物的画面，代之以几何图案。这种新兴的几何风格的特点是，陶瓶各部位划分明显，采用简洁、单纯的样式，遵循朴素、严谨的原则，排斥爱琴文化传统中的神秘因素。韦伯斯特（T. B. L. Webster）甚至称这一变化是一场真正的革命。[①] 他在这种简洁朴素的艺术中看到了一种精神风貌，并认为这种精神风貌也影响了同时代的其他新事物：人们已经意

① 韦伯斯特：《从迈锡尼到荷马》，伦敦，1958 年版。

识到了一个与现世相脱离、相区别的过去（产生英雄的青铜时代与新的铁器时代形成对比），死者的世界已经远去，与生者的世界断绝了联系（火葬断绝了死者与土地的联系），人与神之间出现了一道难以逾越的鸿沟（神王这个人物消失了）。这样，在很多方面，现实的不同层面得到更加严格的界定，这就为荷马史诗做好了准备。荷马史诗虽然仍处在宗教背景中，但已经倾向于排斥神秘因素。

在本章中，我们将着重讨论对思想框架产生最直接影响的社会变革的意义。这些社会变革的第一个见证就是语言。自迈锡尼时代进入荷马时代之后，涉及军事方面和非军事方面的头衔、级别、职能等词汇和涉及土地制度的词汇几乎全部被淘汰。由于旧体制被摧毁，残存的个别词也不再具有完全相同的含义，如“巴赛勒斯”、“王田”等。这是否表明迈锡尼世界与荷马世界之间没有任何连续性和可比性呢？有人是这样认为的。[1] 然而，荷马史诗中描写的那个小王国伊萨卡[2] 就有巴赛勒斯、军人大会、吵吵闹

---

① 参见芬利（M. I. Finley）：《荷马和迈锡尼：产权和土地所有权》，载《历史》，1957 年，第 133—159 页。

② ［译注］伊萨卡：《奥德赛》中描写的一个岛，英雄奥德修斯（即尤利西斯）的故乡。奥德修斯经过十年的辗转漂泊，最终回到了伊萨卡，重新成为该岛的国王。

闹的贵族和安安静静地待在后面的平民，这个例子清楚地说明了迈锡尼社会的某些特征还在延续。当然，这些只是远离王宫的乡村生活特征，但似乎正是由于瓦纳卡的消失，原先的他的权力被迫与之妥协的两种社会力量——乡村社团和军事贵族才得以并存下来。军事贵族中的那些名门世家还垄断了某些仿佛是氏族特权的宗教权力。这些相互对立的力量因王宫制度的崩溃而解放出来，它们时常发生剧烈的冲突。为了在这些力量之间寻求平衡和协调，一些道德思考和政治思辨便在这个动乱的时期里产生了，这些思考和思辨确立了人类“智慧”（*sophia*）的雏形，它自公元前 7 世纪初开始出现，与之相联系的是一批相当奇特的人物，他们笼罩在传奇般的光环中，一直被尊为希腊最早的、真正的智者。他们的思考对象不是自然（*phusis*）宇宙，而是人类世界：人类世界由哪些部分构成？哪些力量会使其内部出现分裂？如何统一协调这些力量？怎样在冲突中建立城邦的秩序？这种智慧是一段漫长、艰巨、坎坷的历史的产物，曾受到各方面因素的影响，但它从一开始就摆脱了迈锡尼人的主权观念，选择了另一条道路。于是，权力、权力的形式和权力的组成等问题便以全新的概念被提了出来。

在这个时期的希腊，王国不只被剥夺了特权，而且在其残存的地方实际上也让位给了一种贵族国家。但仅指出这点还不够，还必须指出，这时的巴赛勒斯职权（*basileia*）已经不是迈锡尼时代的那种王权了。国王不仅改变了称谓，也改变了性质。不论在希腊，还是在伊奥尼亚（又一批移民为逃避多利安人的入侵而来此定居），我们都看不到迈锡尼类型的主权存在。有人推测，公元前6世纪的伊奥尼亚同盟以独立城市国家联合体的形式延续了一种更古老的组织形式，在这种古老的组织形式中，各地方国王都向以弗所[①]王朝称臣。[②]但即使是这样，这种关系也只类似于《伊利亚特》中各国国王相对于阿伽门农（Agamemnon）的那种从属关系，这些国王与阿伽门农地位相等，只在阿伽门农统帅的战役中隶属于他，这与迈锡尼的瓦纳卡通过王宫随时随地控制所有人和所有活动的情况显然不同。

雅典是希腊唯一没有突然中断与迈锡尼时代的连续性的地方。亚里士多德曾根据阿提卡学著述者的记载，向

① ［译注］以弗所：小亚细亚西岸伊奥尼亚的古希腊殖民地。

② 参见萨克拉里乌（M. B. Sakellariou）：《伊奥尼亚的希腊移民》，雅典，1958年版。

我们描述了雅典王权逐步分裂的过程[①]：国王身边出现了一个统率军队的督军职务，这就已经解除了国王的军事职权，而执政官制度的建立则标志着一种更具有决定性的分裂。根据亚里士多德的记载，执政官制度创立于科德罗斯（Codrides）当政时期，即那些从派罗斯和伯罗奔尼撒逃到阿提卡的亚该亚人正驶向伊奥尼亚的时候。“执政官”（*archè*）的概念脱离了巴赛勒斯职权的概念，获得了独立性，界定出一个严格意义上的政治领域。执政官开始时任期10年，后来改为任期1年。尽管执政官选举制度保留或者说移植了宗教仪式的某些特点，但它仍然意味着一种新的权力观念：执政官每年要接受公民的决定和选择，而选择就必然有对峙和争论。这种对于政治权力的更加严格的限制形成了行政官员制度，与之相应的是，巴赛勒斯职权被打发到了一个纯粹的宗教部门中，巴赛勒斯不再是一个权力遍及各个领域的近乎神圣的人物，而只限于担任某些祭司职务。

社会职能专门化的思想代替了独揽大权的国王形象。如何协调和平衡各不相同的社会职能，这是一个很棘手

① 亚里士多德：《雅典政制》，III，2—4。参阅斯塔尔（C. G. Starr）：《早期希腊诸王的衰落》，载《历史》，1961年，第10期，第129—138页。

的问题。那些有关雅典国王的传说就很能说明这一点，其中表现的主题与我们在许多印欧王权神话中看到的完全不同[①]，这里仅举一个有代表性的例子，即希罗多德记述的有关斯基泰人[②]的国王的传说：斯基泰人的国王是一个处于社会各种职能阶层之外和之上的人物；由于他是所有阶层的代表，由于所有阶层都在他身上找到了各自属性的来源，所以他不属于任何阶层[③]。只有国王一人同时拥有3件象征斯基泰人分属的3个社会阶层（祭司、军人和农耕者）的金制品：浇祭酒杯、战斧和犁。各种相互对立的人类活动在国王身上合并统一了。那些雅典传说描绘出的过程则正相反：王位继承危机不是以争权的一方战胜其他各方、将

① 关于人类层面的王权，关于国王与各阶层及全体社会的关系等问题，可参见迪梅齐尔：《印欧宗教——对近期某些评论观点的研究》，载《宗教史杂志》，1957年，第152期，第8—30页。

② ［译注］斯基泰人：又译西徐亚人，希腊著作家对公元前7—前3世纪居住在黑海沿岸各民族的总称。

③ 希罗多德，IV，5—6。参阅本韦尼斯特（E. Benveniste）：《印度-伊朗的社会等级传统》，载《亚洲报》，1938年，第230期，第529—549页。迪梅齐尔：《印欧民族的三分思想》，布鲁塞尔，1953年版，第9—10页：《那耳特史诗中的祖先三宝》，载《宗教史杂志》，1960年，第157期，第141—154页。在有关奥科美那斯国王的传说中也能找到类似的主题，参见维昂（F. Vian）：《奥科美那斯三国王》，载《纪念迪梅齐尔专辑》，第215—224页。

全部政权集中在一人手中的方式解决的，而是以王权分裂的方式解决的，每人都只夺得了权力的一部分，其他部分则让给了兄弟。可见，重要的不再是某个统治社会生活的个人，而是许多相互对立的、需要加以分配和限制的职能。

雅典王潘狄翁（Pandion）死后，他的两个儿子平分了父亲的遗产：厄瑞克透斯（Erechtée）继承了巴赛勒斯职权，部忒斯（Boutes）（他娶了兄长的女儿克多尼亚 [Chtonia] 为妻）则取得了祭司职权。厄瑞克透斯的巴赛勒斯职权以军事权力为基础，他是军人，发明了战车，死在战场上。这第一次王权分裂并不足以解决朝代更替的问题。厄瑞克透斯又留下了 3 个儿子：刻克洛普斯（Cécrops）、墨提翁（Metion）和潘多洛斯（Pandoros），两个大儿子建起了敌对的世系，从此代代都爆发王位之争，直到埃勾斯（Egée），但这两个家族支系从未中断过正常的联姻。正如让梅尔（H. Jeanmaire）指出的，刻克洛普斯家族和墨提翁家族之间的争端，反映了巴赛勒斯职权内部两个对立面的冲突。① 如果把这段插曲放回王位继承的整个故事中看，我们就会发现，朝代的危机显示了在

① 让梅尔：《雅典娜的诞生和宙斯的魔法国》，载《考古杂志》，1956 年，第 48 期，第 12—40 页。

王权内部起作用的4种相互竞争的原则：部忒斯体现的是宗教原则，厄瑞克透斯、刻克洛普斯家族和埃勾斯体现的是军事原则（埃勾斯本人后来又把政权分成了4份，他自己掌握其中的主管权），克多尼亚、潘多洛斯（可与潘多拉 [Pandora] 相比较）体现的是有关土地和土地效益的原则，宙斯的妻子墨提斯女神（Mètis）体现的是巫术原则，这一原则尤其还涉及受到赫菲斯托斯（Héphaistos）和雅典娜（Athéna）保护的锻冶技术，赫菲斯托斯和雅典娜都是"狡猾"（mètis）之神，也是工匠的保护神，这4种原则很容易让人联想到伊奥尼亚的4个部族，这4个部族曾经具有职能意义，并且希腊人也明确赋予了它们职能意义①。

这个兄弟冲突的神话故事所隐含的启示，后来在历史学和政治学中得到了系统的阐述。这些理论把社会组织描绘成一个复合体，它由异质的因素、独立的部分和相

① 伊奥尼亚4个部族的名字是：Hopletès，Argadès，Geleontès，Aigicoreis，让梅尔把它们分别解释为：工匠、农耕者、国王的亲信（担任宗教职务）、军人。相反的看法可参阅尼尔逊：《古希腊的崇拜、神话、神谕和政治》，伦敦，1951年版，附录一：《伊奥尼亚的宗族》。还可参阅迪梅齐尔：《印欧各民族的行业和职能阶层》，载《经济、社会、文化年鉴》，1958年，第716—724页。

互排斥的职能阶层构成，它必须把这一切都混合、融化在一起。①

过去，瓦纳卡用一种超人的权力统一协调王国的各种因素，在他消失后，新的问题出现了：怎样在敌对的社会集团的冲突中、在不同的特权和职能的对抗中形成社会秩序？怎样在各种难以调和的社会因素的基础上建立公共生活？或者用俄耳甫斯秘典教派的话说，在社会这个层面上，"一"如何产生于"多"，"多"如何产生于"一"？②

冲突的力量和团结的力量，"厄里斯"（*Eris*，争吵）和"菲里亚"（*Philia*，友爱）：这两种既对立又互补的神力，在继古老王国而来的贵族世界中，标示出社会生活的两极。人们既赞美战斗、竞争、敌对等价值，又感到属于一个共同的社会集团，要求社会协调统一。那种激励着

① 亚里士多德：《政治学》，II，1261a。

② 埃伦贝格（V. Ehrenberg）注意到，在希腊人的社会观念中有一个根本矛盾：国家是一元的、同质的，而人类社会是由众多的、异质的部分组成的。这个矛盾一直是隐含的，从未被指明，因为希腊人从没有清楚地区分过"国家"和"社会"，政治的一面和社会的一面，所以亚里士多德在论述城邦的一元和多元问题时才显得那么为难，如果不说思想混乱的话。参见埃伦贝格：《希腊国家》，牛津，1960 年版，第 89 页。这个单一和众多的问题首先隐含在对社会实际的体验中，也在某些宗教思想中有所反映，后来则在哲学思想的层面上得到了严谨的表述。

贵族的“对赛”(*agôn*)精神表现在各个方面。首先表现在战争方面：战车技术连同它所要求的政治集权和行政集权一起消失了，但拥有马匹的人仍然能够享有特殊的军人资格，“骑士气”(*Hippeis*，*Hippobotes*)既指军队的精英，又指占有土地的贵族，骑士的形象把战斗的价值、显赫的出身、丰富的地产以及参与政治生活的权力联系在了一起。其次表现在宗教方面：每个氏族都控制着某些宗教仪式，掌握着咒语、秘传故事和有特殊效用的神圣象征，并因此而被赋予了指挥的权力和头衔。最后表现在整个“前法律”方面：前法律的作用是处理家族间的关系，它本身也构成一种对赛，即一种在集团和氏族之间展开的有章法、有规则的斗争，类似于竞技者在奥林匹亚赛会上的较量。而且，政治本身也表现为“对赛”的形式，它是一种口才比赛，一种论据对抗，赛场就是“广场”(*agora*)，这种广场是一个公众集会的地方，以后才成为集市。[①] 在这个等级制的社会里，所有那些用话语的方式相互对峙、在演讲中相互对立的人都是平等的人。如赫西俄德指出的那样，任何敌对性，任何“厄

① 该词保留了对军人大会的回忆。在古代的军人大会、寡头政治国家的公民大会和民主的人民议会之间，可以看到一种连续性。

里斯”，都意味着关系平等：竞争永远只能在同类人之间进行。[①] 在社会生活的对赛观念中包含的这种平等精神是希腊军事贵族思想的一个特征，它使权力的概念具有了新的内容。统治权不再为任何个人所专有，国家恰恰就是除去了全部私人性和个体性、超出了氏族的权限范围、已经成为所有人的事务的那个领域。

在这方面，希腊语使用的一些表达很有特点。希腊语说：某些决议或某些决定应该“放在中间”，国王原有的特权，甚至执政权本身也应该“置于中间”、“置于中心”。借用空间形象来表达一群人的自我意识，表达他们作为政治统一体而存在的感受，这不只是一个比喻，而且折射出了一个全新的社会空间的到来。事实上，城市建筑已不再像以前那样集中在被防御工事环绕的王宫周围，城市现在的中心是“公众集会广场”。它是公共空间，是安放“公共之火”（*Hestia Koinè*）的地方，是讨论大家共同关心的问题的场所。城市本身反倒被城墙围了起来，保护并限定着组成它的全体市民。过去耸立着国王城堡（即享有特权的私人住宅）的地方，现在建起了为公共祭祀而开放的神庙。

① 赫西俄德：《劳作与时日》。

而且正如城市在公众集会广场上实现了自己世俗的一面，城市也在王宫的废墟上，在为神建造的卫城上，投射出自己宗教的一面。这样的城市布局实际上确立了一个思想空间，展示了一个新的精神视野。城市一旦以公众集会广场为中心，它就已经成了严格意义上的“城邦”(*polis*)。

第四章

城邦的精神世界

在希腊思想史上，城邦的出现是一个具有决定性的事件。当然，这一事件在思想和制度方面产生的影响并不是短期内就能看到的，因为城邦经历了许多阶段和各种不同的形式，但是城邦在公元前8—前7世纪的出现本身，就标志着一个开端，一个真正的创举；它使社会生活和人际关系呈现出新的形态，后来的希腊人将充分体会到这种形态的独特性①。

首先，城邦制度意味着话语具有压倒其他一切权力手段的特殊优势。话语成为重要的政治工具，国家一切权力

① 参见埃伦贝格：《城邦何时兴起?》，载《希腊研究杂志》，1937年，第57期，第147—159页；《民主的起源》，载《历史》，1950年，第1期，第519—548页。

的关键，指挥和统治他人的方式。希腊人后来把话语的威力变为一个神：说服力之神“皮托”(*Peitho*)。这种话语的威力让人联想到某些宗教仪式中使用的警句格言的效能，或者联想到国王威严地宣读“法令”时所发出的“法言”的作用，但实际上这里的话语完全是另一回事，它不再是宗教仪式中的警句格言，而是针锋相对的讨论、争论、辩论。它要求说话者像面对法官一样面对听众，最后由听众以举手表决的方式在论辩双方提出的论点之间作出选择；这是一种真正由人作出的选择，它对双方话语的说服力作出评估，确认演说中一方对另一方的胜利。

所有那些原来由国王解决的属于最高领导权范围的涉及全体人利益的问题，现在都应提交给论辩的艺术，通过论战来解决。所以这些问题必须能用演说的形式表述，符合证明和证伪的模式。这样，政治和逻各斯就有了密切的相互联系。政治艺术主要就是操纵语言的艺术，而逻各斯最初也是通过它的政治功能认识了自己，认识了自己的规则和效用。历史地讲，正是修辞学和论辩术，通过对演说形式这种在公民大会和法庭斗争中克敌制胜的武器的分析，为亚里士多德的研究开辟了道路。亚里士多德不仅确立了说理的技巧，还确立了论证的规则，提出了一种关于真的逻辑，它是理论认知所特有的，与指导实际活动中随机性争论的可能性逻辑和或然性逻辑相对立。

城邦的第二个特征是，社会生活中最重要的活动都被赋予了完全的公开性。我们甚至可以说，只有当一个公共领域出现时，城邦才能存在。这里的公共领域是两个意义上的，它们既相异又相关：一是指涉及共同利益的、与私人事务相对的部门，二是指在公众面前进行的、与秘教仪式相对的公开活动。这种公开化的要求使全部行为、程序和知识逐渐回到社会集团的手中，置于全体人的目光之下，而这些原来只是巴赛勒斯或掌握政权的氏族才能享有的特权，这种民主化和公开化的双重运动在思想方面产生了决定性的影响，以前属于军事贵族和祭司贵族的精神世界现在向越来越多的人开放，直到向全体平民开放，而希腊文化正是在这样一个过程中形成的（荷马史诗是这一过程的第一个例证：原先只在王宫中吟唱的宫廷诗歌逐渐走出宫廷，广为流传，最终变成节日诗歌）。但是，这种广泛的传播包含着深刻的变化。知识、价值和思想技巧在变为公共文化的组成部分的同时，也被带到公共广场上去接受公众的批评和争议，它们不再被当作权力的保障而密藏在家族传统中，它们的公开化引来了各种各样的注解、阐释、反对意见和激烈争论。从此，讨论、辩论和论战就成了思想和政治的游戏规则。由社会实施的经常性监督，既涉及国家行政机构，也涉及精神创造。城邦的法律与君主的绝对权力相反，要求国家行政机构和精神创造全都“交出账目”，它们不能再把某种个人威信或宗教威信的力量强加于人，而必须通过论证的方法来证明自己的正确性。

话语成为城邦政治生活的工具，而文字则在真正的知识层面上提供了一种公共文化的手段，使原来被保留或被禁止的知识得以完全公开。希腊的文字是向腓尼基人借来的，并经过改造，以便更准确地记录希腊语的语音。这种文字之所以能够满足公开化的功能，是因为它几乎像口语一样变成了全体公民的共同财富。我们所了解的最早的希腊字母铭文显示，自公元前 8 世纪起，文字不再是书吏阶层的专门知识，而是一种在大众中广泛使用并自由传播的技能。① 除了背诵荷马诗篇或赫西俄德诗篇的传统方式之外，文字也成为希腊古典时期 ② “人文教育”（*paideia*）的

---

① 福斯迪克（J. Forsdyke）：《荷马前的希腊——古代年表和神话》，伦敦，1956 年版，第 18 页及以下。还可参见普莱奥（Cl. Preaux）的观点：“从克里特–迈锡尼的线形文字 B 到埃及的希腊陶片画”，载《埃及编年史》，1959 年，第 34 期，第 79—85 页。

② ［译注］古典时期：公元前 500—前 330 年。

基本内容。

这样我们就可以理解，城邦自诞生起就提出的撰写法律的要求有多么重要。把法律写出来，这不仅保证了法律的永久性和稳定性，还使法律摆脱了以“言说”法律为职能的巴赛勒斯的个人权威，变成了公共财产和对所有人都一视同仁的普遍规则。在赫西俄德描写的城邦制以前的世界里，“公正”（*dikè*）仿佛被天和地撕裂，分别在两个层面上发挥作用：对于彼奥提亚地区的小农耕者来讲，公正是尘世里那些“吃供品的”国王对事实所作的任意裁决；而在天国，公正则是一个至高无上却又远不可及的神。相反，公正由于被文字赋予了公开性，虽然仍被视为一种理想价值，却能在真正世俗的层面上体现出来，在法律中得到实现；法律是一种适用于所有人、但又高于所有人的规则，是一种理性的规范，它可以讨论，可以通过决定来修改，但它仍然表现为一种被认为是神圣的秩序。

当某些个人也决定用文字将自己的知识公之于众时，他们或者采用书的形式——最早的阿那克西曼德（Anaximandre）和菲勒塞德斯（Phérécyde）所写的书或赫拉克利特（Héraclite）放在以弗所的阿耳忒弥斯神庙里的书，或者采用碑刻的形式，这些碑刻类似于城邦以执政官或祭司的名义刻录的那些石碑（一些公民还以私人的名义在石碑上刻录天文观测情况或年表）。他们这样做不是为了让别人了解个人的发现或意见，而是希望把这些启示“置于中间”，使它们变为城邦的共同财富，变为一种像法律一样适用于所有人的规范。[①] 通过这样的传播，他们的智慧获得新的实在性和客观性，本身就构成了某种真理，不再是几个受神恩宠的选民才掌握的宗教奥秘。当然，智者的真理和宗教奥秘一样，也是对事物本质的揭示，它揭示了一种普通人难以理解的更高的真实，但由于被形诸文字，这种真理就脱离了教派的封闭圈子，清楚地展现在城邦的全体公民面前；这样就是承认真理有权被所有人得到，就是允许把真理像政治辩论一样交给所有人去评判，并希望它最终能被所有人接受和认可。

秘教性质的秘密知识最终却成为在公众中传播的真理，类似的现象也发生在社会生活的另一个领域。城邦兴起时，把原属于某些氏族、标志着这些氏族与某种神力的特殊关系的祭司职能夺了过来，变为官方的城邦祭祀。以前只有受神恩宠的人才能得到神的保护，现在全体社会成员都能

---

① 参见第欧根尼·拉尔修（Diogène Laërce），I，43：《泰勒斯致菲勒塞德斯的信》。

得到神的保护。但城邦祭祀就意味着公共祭祀，原来被当作威力法宝而珍藏在宫殿或祭司的深宅里的圣物，如授权用的符号、宗教象征、徽章和木偶等，现在都被移到神庙这个开放的公共场所。在这样一个转向外界的、非个人化的空间里，雕刻的檐壁装饰向庙外延伸，古老的偶像也发生了变化：它们在失去隐秘性的同时，也失去了有效的象征功能，变成了“形象”，唯一的仪式功能就是供人观看，唯一的宗教实在就是它们的外表。我们可以说，那种立在神庙里用来表现神的大型祭祀雕像，其全部的“存在”从此只在于“被感知”。过去，圣物载负着危险的力量，避免公众看见，现在它们在城邦的注视下成为一种景观，一种“关于神的教育”；同样，神秘的叙事和箴言在城邦的注视下也失去了它们的神秘性和宗教威力，成为智者讨论的“真理”。

然而，社会生活并不是这样轻而易举、毫无阻力就达到完全的公开化。公开化的过程是分阶段进行的，并且在各个领域都遇到了限制它发展的障碍。即使在政治方面，直到古典时期，秘密治国的做法仍保持着某种权力形式，它通过神秘途径和超自然方式发生作用。斯巴达的制度就是这种秘密程序的典型例证。不过，在治国技术中使用某些行政官才有的秘密祭坛和神谕或使用某些首领才有的秘不示人的占卜书，这在其他地方也能见到。另外，很多城邦都把获救的希望寄托在对秘密圣骨的占有上，例如占有英雄的遗骸。英雄的墓址是不公开的，否则有可能使国家毁灭，所以只允许少数有资格在就职时接受这种危险启示的行政官知道。这些秘密法宝被赋予的政治作用不只是为了延续过去的传统，而且是为了适应明确的社会需要。城邦的获救是不是一定要调动某些超出人类理性思考的力量和某些不可能在争论中估计并预测的因素呢？这种超自然力量的介入最终是起决定作用的（如希罗多德所说的“天命”和修昔底德所说的“机运”），因此必须给予重视，在政治因素的结构中留出它的位置。然而，对奥林匹斯诸神的公共祭祀只能部分地起到这种作用，因为这种祭祀所涉及的神的世界太笼统，太遥远，而且它所确立的神圣的秩序恰恰与城邦行政机构所处的世俗领域相对立，就像“神性”（*hieros*）和“世俗性”（*hosios*）相对立一样。政治生活的相当一部分被世俗化了，作为对此的补偿，出现了一种官方宗教，它与世俗事务拉开了距离，不再直接介入政权的更迭。但不论政治首领多么清醒，也不论公民多么智慧，公民大会的决议所涉及的那个未来从根本上讲仍是模糊的，人的理智无法完全驾驭。所以必须尽可能地通过其他方法来确保对未来的控制，这些方法调动的不再是人为的手段，而是仪式的功效。指导城邦制度的政治“理性主义”虽然与旧有的宗教治国方式相对立，但并没有完全排斥那些方式。①

另外，在宗教领域，除公共祭祀之外，一些处在城邦边缘、以奥秘为宗旨的社团也发展起来了。这些宗派、行会和秘教是一些等级制的封闭组织，设有头衔和级别。它们的组织采用秘典传授社团的模式，其职能是通过一系列的考验选出一小部分人，这些人将享有一般人无法获得的特权。但与以前的秘典传授仪式不同（那时，年轻军人必须参加这类仪式，以便获得掌权资格），新兴的秘密社团只在纯粹的宗教范围内活动。在城邦中，秘典传授从此只能带来“精神”的变化，不会造成政治影响。那些被选中的人都是虔诚的圣人，他们接近神性，因此注定将有特殊的

① 我们可以联想到占卜在希腊人生活中的作用。更一般地讲，我们可以看到，任何行政职务都保留了一种神圣性。但在这方面，政治和法律的情况是一样的。最初，宗教程序本身就起作用，而在法律的范围内，它们变成了提起诉讼的因素。同样，行政官上任时仍应履行的那些宗教仪式，如祭奠或宣誓，现在只构成公共生活的形式背景，而不再是公共生活的内在动力。从这种意义上讲，政治的确世俗化了。

命运，但他们到了彼岸才能看见这种命运，他们享有的晋升属于另一个世界。

秘教向所有希望得到秘典传授的人，不论出身和地位，一律许诺幸福的永生，而永生原来只是国王的特权。秘教在扩大了的教徒圈内，传播那些原来只由科里科斯（*Kerykes*）或尤摩尔浦斯（*Eumolpides*）等祭司家族掌握的宗教秘密。然而，尽管宗教特权民主化了，但秘教在任何时候都没出现在公开的视野中。相反，确定它为秘教的标准就在于，它声称能达到正常途径所不能达到的真理，这是任何方法都不能“展示”的真理；它声称能获得非常特殊的启示，这种启示将开辟一条道路，通向一种在国家祭祀中看不到的宗教生活，并为其教徒保留一种完全不同于普通公民状况的命运。这样，秘教与官方祭祀的公开性形成对照，具有了特殊的宗教意义：它确立了一种个人得救的宗教，其目的是不依赖社会秩序而改造个人，使个人获得新生，脱离普通人的身份，进入另一层面的生活。

然而，在这个方面，第一批智者的探索和这些教派的追求不谋而合，有时甚至融为一体。智慧的教导和奥秘的启示都是希望从内部改造人，使之达到更高的境界，成为一个近乎神的超凡的人，一个“神人”(*theios anèr*)。正因为智者似乎是一个与众不同的特殊之人，一个有神性的人，他的整个生活方式都使他独立于世，处在社会共同体的边缘，所以城邦在面临混乱和堕落时才求助于他，向他询问消灾解难的办法。相应地，当智者以话语或文字的形式向城邦人讲话时，总是为了向他们传达来自上天的真理，这种真理即使被公之于众，也仍然属于另一个与日常生活无关的世界。最初的智慧就是在这样一种表现其反常本质的矛盾中形成的：它向公众传达一种知识，同时又宣布这种知识是大多数人无法接近的。它的目的就是揭示不可见的东西，就是让人看见那个隐藏在诸般表象后面的不可见的世界。智慧揭示的真理如此神奇，以致必须付出艰苦的努力才能得到真理，但真理就像秘典传授中出现的幻象一样，仍然是凡夫俗子看不到的。虽然智者通过词语来表达秘义，但这些词语的意义却是普通人无法领会的。智者把秘义带到了公共广场上，使之成为考察、研究的对象，但秘义并不因此就不再神秘，智慧（*sophia*）和“爱智之学”（*philosophia*）取消了那些禁止人们通往秘义的传统秘典仪式，代之以其他考验：某种生活准则、苦行之路、探索之路。这些考验形式在论辩的技巧和数学等新的思想工具之外，还为古老的占卜活动和冥想、迷狂、灵肉分离之类的精神修炼留出了一席之地。

因此，哲学在起源时处在一种暧昧的位置上：从它的方法和灵感来看，它既像秘典传授，又像公众集会广场上的争论，徘徊于教派特有的秘密性和政治活动特有的对立论辩的公开性之间。我们将看到，根据环境、时间和倾向的不同，哲学或者像公元前 6 世纪大希腊[①]的毕达哥拉斯学派那样组织成封闭的社团，拒绝把只能口头秘传的学说形诸文字，或者像智者运动那样完全纳入公共生活，为在城邦中行使权力作准备，而且每个公民只要交付课酬就可自由地得到它。希腊哲学也许从未完全摆脱它最初的这种暧昧性。哲学家总是在两种态度之间摇摆，在两种相互矛盾的诱惑之间犹豫不决。有时，他认定自己是唯一有资格领导国家的人，他骄傲地取代了神王，以那种使他跃居众生之上的“知识”的名义，企图改变整个社会生活，像至高无上的君王一样治理城邦；有时，他又离群索居，遁入一种完全隐秘的智慧，希望同身边的几个弟子一起，在城邦中建立另一个城邦——一个处在城邦边缘的城邦，他放弃公共生活，在认知和冥想中寻求个人的得救。

① ［译注］大希腊：意大利半岛南部的古称，公元前 8—前 6 世纪希腊人在这里的沿海一带广建殖民地，引入早期的希腊文化，因而得名。

除了我们上面提到的两个特征——话语的威力和公开活动的兴起，城邦的精神世界还有另一个特征：那些组成城邦的公民，不论他们的出身、地位和职务有多么不同，从某种意义上讲都是“同类人”。这种相同性是城邦统一的基础，因为对希腊人来讲，只有“同类人”才能被“友爱”联系在一起，结合成一个共同体。这样，在城邦的范围内，人与人的关系便表现为一种相互可逆的形式，取代了服从和统治的等级关系。所有参与国家事务的人都被定义为“同类人”，后来又以更抽象的方式被定义为“平等人”。尽管在社会实际生活中，公民之间有很多相互对立的地方，但在政治上，他们都认为自己是可以互换的个体，处在一个以平衡为法则、以平等为规范的体制中。这样的人类社会图景在公元前 6 世纪的一个概念中得到严谨的表述：“法律面前人人平等”(*isonomia*)，即所有公民都有参与执政的同等权力。但在取得这样一种彻底的民主性并在体制方面引起像克利斯提尼（Clisthène）那样的改革之前，“法律面前人人平等”的理想首先表达或者说延续了某种由来已久、可以直上溯到城邦建立之初的共同体愿望。许多证据表明，“法律面前人人平等”、“权力平等”(*isocratia*) 等概念，曾在贵族圈子里用来确立一种与个人极权（君主制或僭主制）相对的寡头政治制度，在这种制度中，政权虽然排斥大众，只归少数人所有，但在这个精英阶层的成员之间则被同等地分享。①“法律面前人人平等”的要求之所以能在公元前6世纪末获得如此大的力量，并为平民自由进入一切行政机构的普遍呼声提供了依据，可能是因为这种要求扎根在非常古老的平等传统中，甚至可能符合骑士贵族的某些心态。的确，正是这些军事贵族率先在军人资格和公共事务参与权之间建立了对等关系，从此这点再没受到过质疑。在城邦中，战士的身份与公民的身份相吻合：谁在城邦的军事组织中占有一席之地，谁也就同时在城邦的政治组织中占有一席之地。然而，从公元前7世纪中叶开始，军备和战术的革新改变了军人的形象，也改变了军人的社会地位和精神面貌。②

① 参见埃伦贝格：《民主的起源》。书中提到，在有关哈莫狄奥斯（Harmodicos）和阿里斯托吉顿（Aristogiton）的颂歌中，人们称赞这两个贵族使雅典人成为法律上的平等人；另可参见修昔底德，III，62。

② 安德鲁斯（A. Andrews）：《希腊的僭主》，伦敦，1956年版，第三章：《军事因素》。阿德考克（F. E. Adcock）：《希腊和马其顿的兵法》，伯克利、洛杉矶，1953年版。关于重装步兵出现的时间，参见库尔班（P.Courbin）：《阿尔戈斯的一座几何风格墓》，载《希腊通讯简报》，1957年，第81期，第322—384页。

列队作战的重装步兵的出现，以及在密集方阵中的使用，给了骑士的军事特权以决定性的打击。凡有能力负担步兵装备费用的人，即那些组成平民阶层的自由小业主（如雅典 4 个纳税等级中的第三等级），都同拥有马匹的人地位相等。但在这一点上，由于原来属于贵族特权的军事职能民主化了，军人的道德也随之发生了彻底改变。荷马时代的英雄，驾驭战车的能手，以前还能以骑士的身份幸存下来，而现在却与步兵这种“公民士兵”没有多少共同之处。对于骑士来讲，重要的是个人战绩，是在单兵格斗中立下的功勋。在单打构成的战斗中，军事价值以一种纯粹个人的优势表现出来。军人从某种激情、某种好战的疯狂中获得了勇气，来自神的活力使他变得怒不可遏，立下辉煌的战功。然而，步兵不再进行单兵格斗，即使出现个人战绩的诱惑，他也应该拒绝。他是在肘对肘、肩并肩的战斗中作战，他接受的训练是排好队列，整齐地行进，步调一致地冲向敌人，并注意在最激烈的混战中也不离开自己的位置。这样，军人的美德不再是“狂热”（*thumos*），而是“节制”（*sôphrosunè*）：完全主宰自己，永远控制自己，服从统一的纪律，保持必要的冷静，抑制一切可能扰乱阵营整体秩序的本能冲动。如同城邦把公民变成可以互换的个体一样，方阵也把步兵变成可以互换的个体，变成和所有其他成分相同的成分，步兵的个人价值永远只能在整体行动、集结军队、集中兵力等新的克敌制胜手段所要求的范围内表现。即使在战争中，“厄里斯”——战胜敌手、压倒对方的欲望，也必须服从“菲里亚”——共同体的精神；个人的力量必须服从集体的法则。希罗多德在列举普拉蒂亚战役[①]中表现最勇敢的城邦和个人的名单时（他每叙述完一次战斗都这样做），把最勇敢的斯巴达人这个荣誉给了阿里斯托戴莫斯（Aristodamos）：他是参加温泉关战役[②]的300个拉凯戴蒙人[③]中唯一安全返回的人；斯巴达人以他的生还为耻辱，他为了洗清这一耻辱，便在普拉蒂亚战役中有意寻死，并果真在建立了出色的战功后死在了战场上。但斯巴达人并没有给予他勇猛奖和优异者应享有的葬礼，他们之所以拒绝他，是因为他像一个失去了理智的疯子，疯狂地厮杀，离开了队列。[④]

这个故事非常清楚地说明了一种精神状态。这种精神

---

① ［译注］普拉蒂亚战役：希波战争期间希腊得胜的一场战役。

② ［译注］温泉关战役：希波战争中斯巴达人和波斯人在温泉关的一场激战，波斯人得胜。

③ ［译注］拉凯戴蒙人：斯巴达人。

④ 希罗多德，IX，71。

状态不仅表现在战争方面，而且表现在社会生活的所有方面，标志着城邦历史上一个决定性的转折。现在，城邦开始摒弃传统的贵族行为，即那种崇尚名誉、强调个人和氏族的权力、把个人和氏族置于大众之上的倾向。因此，正如战争狂热以及寻求在战斗中建立纯粹的个人荣誉的行为被当作“狂妄自大”(*hubris*) 而受到指责那样，财富的炫耀、服装的华丽、葬礼的奢侈、服丧时过分痛苦的表现、妇女过分显眼的举止、贵族青年过分大胆自信的行为等，也都被当作“狂妄自大”而受到指责。

所有这些做法从此都被拒绝，因为它们会突出社会的不平等，加深人与人之间的隔阂，引起嫉妒，造成团体的不和谐，危及团体的平衡和统一，使城邦内部产生分裂。人们现在崇尚的是一种节制、谨慎、朴素的理想，一种近乎苦行主义的严厉的生活作风，它能消除公民之间在习俗和地位上的差异，使他们更容易相互接近，像家庭成员一样团结在一起。

在斯巴达，对新的精神面貌的出现起了决定作用的似乎是军事因素。公元前 7 世纪的斯巴达还不是后来以它的独特性让其他希腊人感到既惊奇又羡慕的那个国家，它还没有脱离希腊文明发展的总体进程，当时各城邦的贵族都追求奢侈，希望过一种更雅致的生活，寻找能获得利润的事业。与这种倾向的决裂发生在公元前 7—前 6 世纪之间。斯巴达人开始闭关自守，坚持他们那种全民从军的体制。他们不仅厌恶财富的炫耀，而且拒绝同外界进行任何商业或手工业的交往。他们禁止使用贵金属，后来又禁止使用金银制成的货币。他们停留在重要的思想潮流之外，不重视曾使他们享有盛誉的文学和艺术。因此，斯巴达人似乎对希腊的哲学和思想没有做出丝毫贡献。

但我们只能说“似乎”是这样。新的战争技术给斯巴达带来了社会政治方面的变化，使斯巴达最终成为一个由重装步兵组成的城邦。这些变化在体制方面表达出来的要求与同时期的智者们在纯概念的层面上提出的要求是相同的，都是要建立一个均衡的、受法律支配的人类世界；由于没有斯巴达式的解决办法，其他城邦经历了内部的暴乱和冲突。人们一再强调说，斯巴达人固守的是一种陈旧过时的制度，如年龄等级、军事秘典的传授、秘密法等，这种看法不无道理；但是，我们也必须指出其他一些使斯巴达人领先于时代的特征，如改革过程中的平等精神：这场改革消除了以前军人和平民的对立，出现了一个由“公民士兵”构成的社会组织，这些被确定为同类人的“公民士兵”，原则上每人都可以拥有一块和其他人完全相等的份田。除了这种最初形式的“土地平等”（当时可能又有过一次土地分配），另一个特征是社会生活的团体性，这种团体性要求所有人都遵循同一种严厉的制度，甚至由于憎恶奢侈，对私人住房的建筑式样也作了统一的规定；它还建立了共餐制，每人每月要按规定带来自己的那份大麦、葡萄酒、奶酪和无花果。最后我们还应指出，斯巴达的体制，包括它的二王制、人民大会、监察官机构和元老会议，在那些代表着对立的职能、德性和价值的社会因素之间实现了“平衡”。国家的协调就建立在这种相互平衡之上，每个因素都被其他因素限制在它不应超出的范围之内。因此普鲁塔克（Plutarque）认为，元老会议起一种平衡作用，它可以使民众性的人民大会与国王的权威之间经常保持平衡状态；它根据情况，有时站在国王一边，以挫败民主，有时站在人民一边，以阻止个人极权。[①] 同样，监察官机构在社会组织中代表着一种军事因素，与贵族元老会议相比更为年轻，具有民众性。贵族元老会议，正如年长者应该的那样，具有稳重和智慧的品质，这些品质可以抵消年轻

① 参见普鲁塔克：《莱喀古士传》，V，11。亚里士多德：《政治学》，1265b35。

军人好战的勇气和精力。

在斯巴达国家里，社会不再像迈锡尼王国那样形成一个以国王为塔尖的金字塔。所有人在经过一系列包括考验和秘典传授在内的军事训练之后都可拥有一块份田，并能加入共餐制，从而上升到相互平等的地位。正是这种平等的地位确立了城邦。[①]这样，社会秩序不再取决于国王，不再受到某个特殊人物的创造力和他的治理活动的束缚。相反，社会秩序规定着所有人的权力，给他们的扩张欲望设置了一个限度。与权力相比，秩序是第一位的，政权实际上只从属于法律，企图垄断政权的任何个人或集团都会破坏其他力量的平衡，危及社会组织的和谐，因而也使城邦本身的存在受到威胁。

但新斯巴达承认法律和秩序高于一切是为了走向战争，国家的改革首先是出于军事上的考虑。“同类人”受到的是战斗训练，而不是公众集会广场的辩论。所以，在斯巴达，话语不可能像在其他地方那样成为政治工具，也不可能表

① 当然，除公民外，城邦还包括所有被不同程度地剥夺了完全公民权的人，这些人与公民形成对照，如斯巴达城邦中的“低等民”（介于公民和边民之间）、“皮里阿西人”（边民）、“希洛人”（国有奴隶）。平等是在不平等的背景上显示出来的。

现为讨论、辩论、辩驳的形式。拉凯戴蒙人赞美的法律手段不是“皮托”——说服力，而是“福伯”(*Phobos*) 的力量，即一种使所有公民都能俯首听命的威慑力。他们只欣赏简洁的言辞，喜欢格言式的、含义确切的语句超过那些微妙的对立论辩，而且为之自豪。对于他们来讲，话语仍然是近似占卜辞的“法规”(*rhètrai*)，他们无条件地服从这些“法规”，并拒绝用文字的形式将它们完全公开。无论斯巴达人曾经多么领先于时代，当城邦在法律的统治下成为一个平衡、和谐的宇宙时，他们却把充分表达新的社会秩序观念这一荣誉留给了别人。拉凯戴蒙人最早在自己的制度中体现了这些道德概念和政治概念，但他们却没有指出和阐明这些概念的全部后果。

第五章

城邦的危机　最早的智者

在一篇今天已经佚失的对话《论哲学》中，亚里士多德谈到了毁灭人类的周期性灾难，描述了每次灾难后少数幸存者及其后裔为重建文明而必须经历的几个阶段。比如，从丢卡利翁（Deucalion）大洪水中逃生的人，首先要重新寻找基本的生存手段，其次是重新发现美化生活的各门艺术。亚里士多德接着指出，在第三个阶段，“他们把注意力放在了城邦的组织上，发明了法律，建立了城邦各部分之间的联系；他们把这方面的发明称为‘智慧’，这种智慧早于‘物理学’，也早于以神的世界为对象的‘最高智慧’，而七贤具备的正是这种智慧，正是他们发明了公民应有的品质”①。

用有关希腊七贤的传说来支持一种历史结论将是徒劳的，因为七贤的名单变化不定，既不顾及时间性，也不顾及真实性。不过，虽然七贤在其他方面相互对立，但从人们赋予他们的社会政治作用和归于他们名下的格言来看，我们仍可以把下面的人物联系在一起：一个是泰勒斯，他具有许多才能，尤其是政治家的才能；一个是梭伦，他是哀歌诗人，也是雅典政治斗争的仲裁者，僭主制度的反对者；一个是佩里安德（Périandre），他是科林斯的僭主；一个是厄庇美尼德（Epiménide），他是典型的神启预言家，只吃锦葵和常春花，灵魂可以任意离开身体。七贤传说由无稽之谈、历史典故、政治格言和道德俗套混杂而成，并且多少带有神话色彩，但借此我们可以接触和了解希腊社会史的一个阶段，它从公元前 7 世纪末开始，在公元前 6 世纪得到发展。这是一个危机的时期，一个内乱和内战的时期，我们可以窥见其中的某些经济情况，而在宗教和道德方面，希腊人则把他们经历的这个时期看作是对他们

① 关于亚里士多德的《论哲学》，参阅费斯图吉耶尔（A.-J. Festugière）：《三倍伟大的赫尔墨斯的启示》，第二章《宇宙之神》，巴黎，1949 年版，第 219 页和附录一。

全部价值体系的质疑，是对世界秩序本身的打击，是一种罪恶和耻辱的状态。

这场危机的后果是在法律和社会生活方面出现了一些改革，参与改革的人中既有厄庇美尼德那样的涤罪论预言家，也有梭伦那样的立法者、皮塔科斯（Pittacos）那样的独裁官和佩里安德那样的僭主。同样，在思想方面也出现了一种为希腊新伦理建立框架、制定基本概念的努力。我们不妨简单地说，危机的起因是经济方面的，最初表现为宗教和社会的动荡，但在城邦特有的条件下，它最终导致了一种世俗性质的政治道德思考的产生，这种思考以纯粹实证的方式看待人类世界的秩序和混乱等问题。

经济方面的变化（这点我们只能略提一下）与一种在精神方面也起到了决定性作用的现象有关，这就是恢复和发展了在迈锡尼王国衰落时一度中断的与东方的交往。公元前 8 世纪，大陆希腊已经通过腓尼基航海者重新建立了与东方的联系。伊奥尼亚海岸的希腊人也与安纳托利亚内地，尤其与吕底亚[①]有了接触。但不论在欧洲部分还是在亚洲部分，各城邦的经济完全转向外界则是在公元前 7 世

① ［译注］吕底亚：小亚细亚西部古国，在今土耳其西部。

纪的最后25年，当时的海上贸易远远超过了再次成为交通要道的地中海东部海域。贸易区向西一直扩展到非洲和西班牙，向东一直扩展到黑海。① 此外，海疆的拓展也适应了一个非常迫切的需求：人口增长带来了严重的粮食问题，尤其因为希腊农业开始转向发展葡萄和油橄榄之类更能获利的作物，而这类作物的产品本身可能又用于输出和贸易。寻找土地，寻找食物，寻找金属，我们可以认为这就是希腊在地中海扩张的三个目的。在与世隔绝、缺乏矿产资源的黑暗时代的希腊，金银虽然没有绝迹，但也变得极为稀少。从公元前8世纪起，贵金属的供应又有了新的来源，在公元前7世纪期间，希腊在世界流通的金、银和金银合金的数量有所增长，用途也有所扩展，呈现出多种形式：首饰、金银制品、个人用品、还愿供品、私人或神庙积聚的财富，而且在吕底亚国王于公元前7世纪末发明了货币

① 关于希腊人在地中海的扩张以及他们与东方交往的恢复，参见贝拉尔（J. Bérard）：《古代希腊人对意大利南部和西西里岛的殖民》，巴黎，1957年版，《爱奥利亚人的迁移》，载《考古杂志》，1959年，第1—28页。邓巴宾（T. J. Dunbabin）：《希腊人与其东邻——公元前8—前7世纪希腊和近东国家关系研究》，伦敦，1957年版。罗巴克（C. Roebuck）：《伊奥尼亚的贸易与殖民》，纽约，1959年版。萨克拉里乌：《希腊人对伊奥尼亚的殖民》，雅典，1958年版。

之后，金银还用于铸币。

对于希腊整个经济领域完全转向海上贸易这一事实带来的社会结构方面的变化，我们很难作出准确估计。由于没有直接的证据，我们只能根据涉及新的思想感情形式的文学资料来推测这些变化的性质和规模。在这一点上，抒情诗是一个宝贵的来源，它表明东方的影响并不仅仅局限在陶器、形象题材和生活装饰方面。公元前 7 世纪的希腊贵族迷恋于奢侈、细腻和豪华，在趣味、习俗等方面都效仿东方世界特有的对阔绰和精美的追求。[①] 于是，除军人品质和宗教资格之外，财富的炫耀也成了氏族声望的一个因素和一种手段，以便显示自己的优越，确保对敌手的控制。贵族的争斗既表现在财富方面，也表现在其他方面，它在希腊社会里构成一种瓦解和分裂的因素，贵族内部又出现了新的人物：天生高贵者——“既美又善者”（*kalos kagathos*），他们出于利欲或需要而投身于海上贸易；另外，如热尔内所写的那样，一部分贵族也发生了变化，他们从“封建”阶段过渡到了“乡绅”（gentleman farmer）阶段。我们看到出现了一类地主，他们关注自己的土地收

① 参见圣马扎里诺（S. Mazzarino）：《东方和西方，古代希腊史研究》，佛罗伦萨，1947 年版。

益，使种植专门化，并试图扩大土地，因此对“农奴租种地”和自由小种植主的“份田”之外可开垦的“保留地”很感兴趣。现在贵族也是富人，他们不惜牺牲乡村集体，扩大对土地的占有，甚至把受恩者（如他们的被保护人或可能的债务人）的财产据为己有。土地所有权集中在极少数人手中，很大一部分平民被奴役，沦为“六一汉”[①]，这一切都使得土地问题成为这个古朴时期[②]的关键问题。一个手工业者群落可能已经发展起来，在某些部门，如制陶业和冶金业，他们的人数也许还比较多（我们应该指出这方面的一个意义重大的技术事实：公元前 8 世纪末，在一般的物品生产中，冶铁业代替了冶铜业）。手工业者和作坊主以及沿海港口地区那些靠海为生的普通百姓一起，组成了一个新的社会阶层，他们的重要性日益增长，甚至发展到贵族居住的城市。不过，在公元前 7 世纪，“城里人”和“乡下人”之间的尖锐对立，使得住在城里的贵族阶级（城里集中了与政权有关的公共建筑）还遭到住在周围村庄里养活他们的农民阶级的反对。

上述技术和经济方面的变化不只限于希腊世界，自公

① ［译注］六一汉：因债务而抵押的奴隶，仅能得到收获物的 1/6，故名。

② ［译注］古朴时期：希腊古代史的一个时期，约在公元前 800—前 500 年。

元前 9 世纪起就已出现贸易繁荣的腓尼基各城邦也都经历了类似的变化[①]，但希腊的特殊之处在于人们对这些变化作出的反应：人们感到社会处于一种“失范状态”（*anomia*），他们拒绝并谴责这种状态，要求按照平等的共同体理想重新组织全部社会生活。这种愿望之所以显得尤为强烈，是因为社会关系中充满了暴力、狡诈、专横和不公；在那个铁器时代，权贵们已经丧失了一切廉耻，廉耻之神埃多斯（*Aidôs*）大概离开了下界，升天而去，对个人欲望和“狂妄自大”的肆意发泄听之任之。革新的努力在宗教、司法、政治和经济等各个方面都有表现，其目的始终是限制氏族的“能量”（*dunamis*），限制他们的野心、进攻性和权力意志，使他们服从于一种对所有人都具有约束力的总体规范。这个最高规范就是“公正”（*Dikè*），预言家把它当作一种神力来祈求，立法者则以法律的形式把它颁布出来，有时僭主也求助于它，但他是以暴力的方式将它强加于人，因而也就改变了它的性质。公民之间合理的平衡应该依靠“公正”来建立，这种平衡可以保证“良好的法律”

① 关于腓尼基世界和希腊世界在社会经济方面的相似和差异，参见汤姆森（G. Thomson）的观点：《希腊古代社会研究》，第二卷：《最早的哲学家》，伦敦，1955 年版。

(*eunomia*)，即个人以及社会组织的各派别之间公平分配义务、荣誉和权力。“公正”协调这些因素，使它们组成一个单一的共同体，统一的城邦。

这种新精神最初表现在一些法律问题上。杀人罪的立法标志着一个时期的开始，从此杀人不再是私事，不再是氏族间的算账。建立在血缘关系上的复仇虽然被局限在很小的范围内，但对于死者家属来说却是必然的行为，它可能导致一连串不可避免的凶杀和反凶杀。现在用有组织的镇压代替了这种复仇，它在城邦的范围内、在社会的监督下实施，全城居民都要介入。杀人者不仅遭到受害者亲属的唾弃，而且遭到整个共同体的唾弃。对罪犯判刑变得普遍了，任何类型的杀人罪都开始引起憎恶。人们对流血事件可能给一个城邦、一块领土带来的“乌烟瘴气”(*miasma*) 感到忧虑，既要求赎罪，也要求除恶。所有这些态度都与宗教意识的觉醒有关，这种觉醒在乡村表现为狄奥尼索斯崇拜的兴起，在某些更为特殊的阶层则表现为俄耳甫斯教那样的宗派运动。这种宗教复兴除了“讲授”灵魂的归宿、灵魂在冥界所受的惩罚、原罪的遗传、肉体的转世轮回和一切生命的相通之外，其特点还在于建立了与新的宗教信仰相联系的涤罪制度。柏拉图在《法律篇》第九卷中论述杀人罪时，仍感到有必要明确地援引祭司们的学说。在这些涤罪论预言家中，厄庇美尼德的形象显得尤为突出。普鲁塔克把他描述成一个通晓神祇问题的智者，说他具有一种“热情的、秘典传授式的”智慧。[①] 人们曾把他叫到雅典驱除库隆家族（Cylonides）杀人案之后笼罩在城市上空的“乌烟瘴气”。厄庇美尼德是清洁仪式的倡导者，也是一个神启预言家，亚里士多德告诉我们，他的本领不是发现未来，而是发现过去；他的双视功能可以展示从前的错误，揭露不为人知的罪行，这些耻辱的罪行在个人身上和城邦中造成紊乱和病态，导致疯狂的谵妄以及随之而来的混乱无序和暴力残杀。然而这位宗教改革者、圣所和仪式的创建者也是一位政治家，曾经参与梭伦的立法工作。他之所以如此，是因为实际上这两个层面的活动遵循的是同一个方向，目的都是要理顺社会生活的秩序，使城邦协调统一。在《梭伦传》中，普鲁塔克强调了厄庇美尼德在有关丧葬的规定（他使葬礼更加平衡、宁静）和有关妇女仪表的措施中所起的作用，并总结说：“他用赎罪仪

① 普鲁塔克：《梭伦传》，XII，7—12。

式、涤罪仪式和奠基仪式圣化了城邦，使城邦就像经过一次秘典传授那样变得遵守法律，在走向和谐的道路上更加驯服（更容易被说服）。”

亚里士多德对此作过一个简短但很有启发性的评论，它可以使我们更清楚地理解，在城邦历史的这个转折点上，宗教、司法和社会是怎样在同一种革新的努力中结合的。[①] 亚里士多德试图证明城邦的自然属性：城邦像一个扩大的家庭，因为它由村庄组合而成，而村庄本身又由家庭组合而成。他说“家庭”（*oikos*）是一个“自然共同体”（*koinônia*），他还借此机会提醒人们注意卡隆达斯（Charondas）和厄庇美尼德称呼家庭成员时用的那些名词。把这两个人相提并论，这本身就很有意思。卡隆达斯是卡塔尼亚[②]的立法者，就像扎洛科斯（Zaleucos）是洛克里[③]的立法者一样，扎洛科斯被认为是卡隆达斯的老师，他们的名字常连在一起。卡隆达斯可能曾在他的《法律》一书中加了一篇序言，类似于柏拉图在论刑法的第九卷前所加的序言：这是一篇名副其实的咒语，它应该唱出来，

① 亚里士多德：《政治学》，1252b15。

② ［译注］卡塔尼亚：意大利西西里岛的城市，原属大希腊。

③ ［译注］洛克里：古代希腊中部地区。

给那些一心想亵渎宗教和犯罪的人听。在颁布刑法之前，立法者希望预防性地通过一种涤罪法术（利用音乐和唱词的镇静作用）来对坏人施加影响。罪犯被看成是一个“中邪者”，一个疯子，他被邪恶精灵弄得神魂颠倒了，这个精灵代表着祖先的某次堕落行为。立法者的咒语净化法重新把秩序和健康带给这个紊乱、病态的灵魂，如同厄庇美尼德的涤罪仪式令一个因过去的罪恶引出争端和暴力而动荡不安的城邦恢复平静、节制与和谐。

亚里士多德接着写道，卡隆达斯和厄庇美尼德用来指称家庭成员的词是“*homosipuoi*”和“*homokapoi*”，这两个词强调了家庭成员之间以同吃一块面包和共用一张饭桌的形式体现出来的“相似性”。这正是我们前面提到的在斯巴达“同类人”的共餐制中占主导地位的那种精神状态。公民必须意识到，他们从某种意义上讲都是兄弟。没有什么比在同一张饭桌上分享同一个灶台里煮出的食物更能加强这种信念了：共餐是一种交流，它在共餐者之间建立起一种存在的认同和一种亲属关系。这样我们就能理解，为什么杀害一个社会同胞会在社会组织中引起同杀害一个自己的亲属时一样的宗教憎恨和亵渎神灵的羞耻。社会意识在这个方向上做出了巨大的努力，我们可以在“杀人者”

(*authentes*) 一词的词义演变中找到证明：该词最初指杀死自己亲属的杀人者；后来指不属于受害人家族，但杀死这个家族的亲属的杀人者，受害者亲属因为极其厌恶和仇恨这类杀人者，所以用同一个色彩强烈的词来指称这类杀人者和杀死自己亲属的杀人者；最后指杀死任何人的杀人者，不论他与受害者家族之间是否有特殊关系。当私人复仇变为法律治罪时，这个最初指杀害自己亲属的杀人者，后来又由被害者亲属用来指杀人者的词便一直指称所有社会同胞眼里的罪犯。① 此外，其他罪行的情况也同杀人罪一样。亚里士多德和普鲁塔克都认为下述原则是梭伦立法最成功的创新之一：对个人的伤害实际上就是对所有人的伤害；因此梭伦给予每人为任何一个受害者伸张正义和起诉非正义者的权力，即使他本人不是受害者。

希腊人汇集在厄庇美尼德这个人物身上的各种特征并不是孤立的证据。像阿巴里斯（Abaris）这样一个人物，以及阿里斯特阿斯（Aristeas）、海尔摩提莫斯（Hermo-

① 热尔内：《古代希腊的法律和社会》，巴黎，1955 年版，第 29—50 页。关于相反的观点，参阅尚特赖恩（P. Chantraine）：《再探“Authentes”》，载《致敬 Mano le Triantaphylide》，雅典，1960，第 89—93 页。

time）等其他预言家也都与毕达哥拉斯学派的传说有关。阿巴里斯不仅是一个乘金箭在空中飞行、不吃不喝也能活并能让灵魂离开身体出游的巫师、一个预言家，他也是一个宗教改革者和涤罪论者。他在公共宗教的范围内创立了新的仪式，开设了庇护共同体的圣所，制定了清洁仪式。奥诺玛克利托斯（Onomacrite）是一个与缪斯神庙有关的历史人物，曾编纂、必要时还伪造了缪斯神庙的神谕。他在庇西特拉图家族（Pisistratides）担任预言家的角色，为主人收集各种场合使用的秘密神谕，但他也是一位政治谋士，甚至是一位使者。亚里士多德告诉我们，有人把他和莱喀古士（Lycurgue）、卡隆达斯和扎洛科斯等人联系在一起，认为他是最早的法律问题专家之一。

因此，我们不能脱离当时的宗教氛围来设想早期法律：神秘主义运动适应了一种更加强烈的共同体意识，反映了社会团体对杀人罪的新感受和对私人复仇带来的暴力和仇恨的焦虑；每当发生流血事件，人们便感到整个集体都被卷入，都受到了威胁，希望对氏族间的关系加以制约，打破氏族的特殊性。不过，这种神秘主义的动荡只在范围很窄的教派中有所发展，它不仅未能酿成一场广泛的、最终有可能包容政治的宗教复兴运动，而且事实正相反：共同体的、统一的愿望更直接地纳入社会现实中，为立法和革新的努力指出了方向。这些愿望在重新设计公共生活的同时，其自身也发生了变化，带上了世俗性，在司法制度和政治组织中得到体现，逐渐适应了一种制定概念的工作，转移到了实证思维的层面。

热尔内特别论述了严格意义上的法律的诞生所引起的思想变革①。在古代的诉讼中，氏族之间相互对峙的武器是那些仪式用语和约定俗成的考验：起誓，共同起誓，作证。这类考验具有决讼作用和宗教威力，只要利用得当，就能保证在争执中自然取得成功；法官作为纯粹的仲裁人，只需在力量抗衡结束时确认并宣布胜利，不必寻根究底，不必查明原因，不必了解事实本身。然而，随着城邦的出现，法官代表的是所有公民和整个共同体，体现了一种高于诉讼双方的非个人存在，他本人就可以根据自己的良心和法律作出决断，考验、作证和审判这些概念本身发生了根本的变化。法官的责任是揭露真相，并根据这一真相作出判决。他不再要求证人共同起誓来表明与诉讼一方的连带关系，而是要求他陈述事实。有了对考验和作证的这种全新

① 热尔内:《古代希腊的法律和社会》，巴黎，1955 年版，第 61—81 页。

认识，诉讼便可以采用一整套技巧：论证、重建合理性和可能性、根据线索或迹象进行推理等，这样，司法活动就为建立客观真理这个在“前法律”范围的古代诉讼中尚不存在的概念作出了贡献。

第六章

人类宇宙的组织[①]

① 笔者在这一章中大量使用了热尔内就希腊政治思想的起源所讲述的课程，这门课是他于 1951 年在高等研究学校开出的，从未发表。

宗教的动荡不仅促成了法律的诞生，也为思考作好了准备，为政治思辨指明了方向。我们上面提到，在有关杀人罪的立法中，担心堕落的心态曾起过作用，这种担心最强烈地表现在对一种没有流血冲突的纯洁生活的神秘主义的向往中。同样，某些宗教团体以极端形式提倡的禁欲主义也与艰苦朴素的理想相吻合，这种理想是作为贸易的发展、奢侈的炫耀、富人的蛮横无理等现象的反弹而在社会中确立下来的。这样，教派就为塑造美德的新形象作出了贡献。过去，贵族的美德是与显赫的出身相联系的自然品质，它通过战斗的价值和富裕的生活方式表现出来。在宗教团体中，美德不仅失去了传统的尚武特征，而且与行为和感情形式上的“柔媚”（*habrosunè*）的理想相对立：美德是长期修行的结果，是艰苦而严格的训练的结果；它能调动一种监督力，即清醒的自制力和持久的注意力，以便摆脱享乐的诱惑，摆脱舒适和肉欲的吸引，把生命完全献给一种艰难的追求。

我们看到，这种严厉的倾向在教派中有所扩大，它制定了苦行戒律，使接受秘典传授的人能摆脱尘世的不公正，走出轮回而复归神性；在社会生活中，我们也能看到同样的倾向在起作用，它改变着人们的行为、价值和制度，只是不再涉及任何有关人类末日的担忧。豪华、安逸、享乐都被摒弃，吃、穿、住等方面都禁止奢侈，财富受到极其强烈的谴责。但这种谴责针对的是财富的社会影响，因为财富在社会集团中造成损害，在城邦内挑起分裂和仇恨，像自然法则一样带来停滞状态。财富代替了贵族的所有价值，它能使人得到一切：婚姻、荣誉、特权、声望、能力。从此，金钱最重要，金钱造就人。然而，与所有其他的“力”相反，财富是没有限度的：它本身不包含任何可以限定自己、制约自己、穷尽自己的因素，财富的本质就是过度，它是“狂妄自大”在人类世界的形象体现，这就是在公元前6世纪的道德思考中反复出现的主题。梭伦的语句成为广泛流传的格言：“财富无止境，贪欲生狂妄。”与之相应的是哀歌诗人泰奥格尼斯（Theognis）的名言：“今天拥有最多的人还想多一倍，财富让人变得疯狂。”富人还想更富，财富最终只以它自身为目的。财富原是用来满足生活需要的，只是一种生存手段，现在它却成了自己的目的，仿佛是没有限度的普遍需要，永远无法满足。所以，在财富的根源上，人们看到一种堕落的本质，一种变态的邪恶意志，一种贪婪的欲望：希望比别人得到的更多，比自己应得的更多，拥有全部财富。在希腊人眼里，财神普卢托斯（Ploutos）确实具有一种命定性，但这不是指经济方面，而是指某种品质的内在必然性和某类行为的逻辑性。“穷奢极欲”、“狂妄自大”、“贪得无厌”，这是傲慢的贵族在铁器时代表现出来的三种不理智的形式。这种争斗性孕育的，不再是高尚的竞赛，而是压迫、不公正和“不良的法律”（*dusnomia*）。

与富人的狂妄形成对照的是“节制”的理想，它包括克制、匀称、适度、折中等含义。新智慧的格言就是“不要过分”。这种崇尚均衡性和中介性的倾向使希腊的美德带有“资产者”的特征：正是城邦的中产阶级扮演了调停人的角色，在两极之间建立了平衡；一极是少数富人，他们想保留一切；另一极是一无所有的民众，他们想获得一切。这些被称为“中间者”的人不仅是介于贫穷和富裕之间的特殊社会阶层的成员，而且他们还代表着人的一种类型，体现了新的公民价值，就像富人体现了狂妄一样。这些中间者在社会中占据着中间的位置，他们的作用是建立一种均衡，一种联系两个对立面的纽带，这两个对立面使城邦四分五裂，因为双方都要求得到全部权力。梭伦本人就是中间者，他的作用是充当仲裁者、中介者和调解者。如果他能使城邦的不同组成部分得到与各自的贡献相符的那份权力，他就能使城邦避免遭受“不良的法律”的折磨，变为一个和谐的宇宙，但这种均衡的分配，这种“良好的法律”，必然要限制那些贪婪无度的人的野心，在他们面前划出一条他们无权逾越的界线。梭伦仿佛一块不可动摇的界石，立在国家的中央，在两个敌对的群体之间设定了这条不可逾越的界线。与节制、适度的品质相对应的是一种政治秩序，它强迫敌对力量保持平衡，竞争对手建立协约。但仲裁就像新形式的诉讼一样，意味着要有一个法官，这个法官在执行或者在必要的情况下强制执行他的决定时，需要参照一种高于各方的法律，一种对所有人都一视同仁的“公正”。梭伦说：“我制订了不分贵贱一视同仁的法律，为每人规定了公正的正义。”正是为了维护这种适用于所有人的法治，梭伦拒绝了唾手可得的僭主地位。怎能把必须保持在“中间”的权力独揽在他一人手中呢？梭伦所完成的一切，都是以共同体的名义并借助法律的力量完成的，他把强制性和正义性结合在了一起。权力之神克拉托斯（*Kratos*）和暴力之神（*Bia*）是宙斯的两个帮凶，以前他们一刻也不离开宙斯的王位，因为他们体现了圣王权力所包含的绝对性、非理性和不可抵抗性；现在他们却为法律服务，变成法律的奴仆，因为法律已经代替国王在城邦的中心执政了。这个法律由于同“公正”的关系而保留了某些宗教色彩，但它尤其表现为一种立法的实际努力和一种理性的尝试，以便结束冲突，平衡敌对的社会力量，调和人们的不同态度。关于这种政治“理性主义”，我们可以在梭伦残篇第四中找到证据。① 我们已经远离了赫西俄德笔下那个“贤王”的形象，过去只有贤王的宗教作用才能平息争端，使大地盛开和平幸福之花。在梭伦那里，正义是一种自我调节的、完全自然的秩序；人类的邪恶、狂妄的思想和对财富的贪得无厌必然地造成了混乱，这一过程的每个阶段都可以预先标示出来：不公正导致了对民众的

---

① 参见弗拉斯托斯（G. Vlastos）:《梭伦的公正》，载《古典语文》，1945 年，第 41 期，第 65—83 页。

奴役，而奴役又反过来引起了暴动；所以，恢复秩序的合理措施应该是，在消除富人的傲慢的同时，停止对平民的奴役，但又不因此而迁就任何破坏行为。以上便是梭伦对全体公民的教导。这种教导可能暂时不被赏识或不被接受，但智者相信时间：真理已经公之于众，或者如梭伦所说，真理已经“置于中间”，总有一天它会得到雅典人的承认。

梭伦使“公正”和“节制”从天上降到了人间，落在了公众集会广场上，这就是说，它们从此必须提交“汇报”。虽然希腊人将继续求助于“公正”和“节制”，但他们从未停止过对这两个问题的讨论。

通过道德思想的这种明显世俗化，“节制”的美德形象得到更新，变得更加具体。在荷马笔下，“节制”的含义非常笼统，意为“健康的理智”。诸神可以把它还给失去理智的人，也可以使最精明的人失去它。[①]不过，这个概念在被智者们放入政治背景中重新解释之前，似乎已经在一些宗教圈子里获得了特定的含义，它指的是：经过一段时期的精神错乱和魔鬼缠身之后恢复宁静、平衡和自控的状态。这里使用的方法与我们曾经提到的那些方法

① 《奥德赛》，XXIII，13。

属于同一类型，如音乐、歌曲、舞蹈、涤罪仪式等，有时也使用能产生休克效果的更直接的方法。保萨尼阿斯（Pausanias）曾在底比斯城的赫拉克勒斯（Héraclès）圣所见过一块石头。据传，当愤怒的英雄赫拉克勒斯被“迷狂”扰乱了神志，杀死了自己的孩子，然后又准备杀死安菲特律翁（Amphitryon）时，雅典娜把这块石头砸在了他的头上。[1]这块使他沉睡和冷静的石头就叫作“理智之石”。俄瑞斯忒斯（Oreste）的痊愈过程与此稍有不同：这个不幸的疯子在杀死母亲之后来到一个叫作“迷狂”的地方，他在那儿停下来，砍掉了自己的一个手指（在保萨尼阿斯那个时代，放在山丘上的一块石头仍然象征着这个手指，而这座山丘则被人叫作“手指的坟墓”），于是恢复了理智。这个地方后来被命名为“解药”。保萨尼阿斯还补充了如下的细节：附在俄瑞斯忒斯身上的“迷狂”，在使他失去理智的过程中一直向他显示出黑色，而当他砍掉手指、恢复理智时，“迷狂”便立即显示出白色。[2]玷污与净化、着魔与痊愈、疯狂与健康，这样的反差效果也表现在占卜师墨兰普斯（Mélampous）治病时的背景上，他用

① 保萨尼阿斯，IX，11，2。

② 同上，VII，34.1 及以下。

秘密仪式和净化仪式治好了普洛伊托斯（Proïtos）的两个女儿的疯病：在她们藏身的那个岩洞里，一边流淌着斯狄克斯河，即冥河，它给所有生命带来疾病和死亡；另一边流淌着有益健康的阿鲁索斯泉，它能治愈疯子和所有“癫狂”缠身的人[①]，但是，通过与疯狂和堕落的对比把“节制”界定为一种平静，这样“节制”便在教派的氛围中带上了苦行的色彩，成为一种压抑的、禁欲的品质，其宗旨是远离邪恶，避免一切堕落：不仅要抵御恶魔可能在我们身上引发的犯罪诱惑，而且要摒弃任何性爱关系，抑制情感的冲动和一切与肉体有关的欲望，在秘典传授的“生命之路”上通过各种预设的考验来学习控制自己、战胜自己的能力。“节制”的内容是自我控制，它似乎包含着一种二元性，至少是包含着一种使人类处于两个对立因素之间的张力：一方面是各种“情绪”(*thumos*)，如温情、激情、热情（这些是抒情诗人喜欢的主题），另一方面是深思熟虑的谨慎和理智的计算（这些受到格言诗人的赞美）。灵魂的这些力量并不处在同一个层面上。情绪倾向于顺从和屈服。疯病的治疗和预防所采用的方法就是

① 保萨尼阿斯，VIII，17，6 及以下，19，2—3。

一些可以“说服”情绪的方法，它们使情绪变得遵守纪律，服从指挥，永远不想反叛，不想要求得到那种可能会扰乱灵魂的最高权力。这些方法构成了一种教育，它并非仅仅在个体层面上发挥作用。它实现了个体的健康和平衡：使灵魂变得“禁欲”，使那部分倾向于服从的力量仍处于附属地位。但与此同时，它也获得了一种社会效应和一种政治功能：社会的隐患恰恰来自富人的纵欲和破坏精神。一旦消除了这两者，“节制”就能实现一个和谐的城邦，在这样的城邦里，富人不想得到更多，把多余的财富送给穷人；民众不起来造反，接受那些因为优秀而有权拥有更多的人统治。这些政治方面的考虑可能也曾出现在某些教派的思想中：帕加马[①]的得墨忒耳（Demeter）祭坛有一种宗教社团的崇拜仪式，仪式中要唱俄耳甫斯颂歌；在祭坛的奥林匹斯诸神和埃莱夫西斯[②]诸神旁边，人们可以看到俄耳甫斯教的一些神，他们象征着抽象的概念，其中有两对概念：“美德”与“节制”、“信任”与

---

① ［译注］帕加马：位于小亚细亚西北的古国，曾是希腊统治下的奴隶制王国。

② ［译注］埃莱夫西斯：古希腊城市，埃莱夫西斯秘密宗教的发源地，现为雅典市郊的一个工业区。

"和谐"[①]。这种组合很值得注意。在泰奥格尼斯笔下，"信任"还同"节制"组合在一起。[②]"信任"就像"和谐"一样，也是一个社会政治概念，它构成了"和谐"的主观方面：公民的相互信任是社会和谐的内在表达和心理补偿。不论是在灵魂中还是在城邦中，正是由于这种"信任"的力量，那些低等成员才会愿意服从那些具有支配职能的成员，服从那种使自己处于附属地位的秩序。

但从总体上讲，"节制"是在教派之外获得了具体的道德意义和政治意义。两种不同倾向的思潮很早就出现了区别，一种关心个人的得救，另一种关心城邦的得救；一方面是那些处在社会共同体边缘的宗教团体，其教徒自我封闭，追求纯洁，另一方面是那些直接介入公共生活的社会阶层，其成员在面临国家分裂所带来的问题时，使用了"节制"一类的传统概念，赋予这些概念新的政治内容和非宗教的、实证的形式。

在斯巴达的"军训"(*agogè*) 制度中，"节制"已经显出了某种基本的社会性，它是一种强迫性的、受到制约

---

① 参见格思里（W. K. C. Guthrie）：《俄耳甫斯与希腊宗教——俄耳甫斯思想研究》，巴黎，1956 年版，第 228 页及以下。

② 泰奥格尼斯，1137—38。

的行为，其特点是年轻人在任何情况下都必须保持“自制力”：在步态、目光和谈吐方面，在妇女和长者面前，在公众集会广场上，在享乐和饮酒的问题上，都必须保持自制力。色诺芬（Xénophon）在提到这种庄严的自持时，曾把垂着眼睛默默行走的年轻斯巴达战士比作一尊处女雕像。举止的庄重具有制度的意义，它是一种道德态度和一种心理形式的显露：未来的公民必须接受训练，学会驾驭自己的激情、热情和本能（斯巴达人的“军训”制度正是用来检验这种自我控制能力的)。这样，“节制”就使每人都在与他人的关系上服从于一个共同的模式，这个模式与城邦理想中的“政治的人”的形象相吻合。公民的行为由于自制力而区别于群氓的放任自流和滑稽粗俗，也区别于贵族的冷漠和傲慢，新型的人际关系所遵循的克制、平衡、适度的规范，同“认识你自己”、“不要过分”、“中庸为上”等格言是一致的。智者的作用是在自己的格言或诗歌中揭示并用语言表达那些或多或少隐含在公民的行为和社会生活中的价值。不过，他们的思考努力不仅导致了概念的提出，而且把道德问题放到了政治背景中，使它与公共生活的发展联系在一起。智者介入到城邦的斗争中，希望通过自己的立法工作来结束这些斗争，他们从实际的社会形势出发，在充满力量冲突和集团对峙的历史范围内设计了他们的伦理思想，用实证的方式确定了建立城邦世界的秩序所需的那些条件。

要弄清“节制”的理想涵盖了哪些社会现实，“尺度”、“信任”、“和谐”、“良好的法律”等概念是怎样纳入具体事物的，我们就必须参考某些政制改革的例子，如梭伦的改革。这些改革重视平等，把平等作为重新设计社会秩序的一个基础。没有平等，就没有友爱，也就没有城邦。梭伦写道：“平等不会产生战争。”但这是一种等级制的平等，或者如希腊人后来所说，这是一种几何的平等，而不是算术的平等；实际上，核心概念是“比例”。如果城邦的每个组成部分都各就其位，依据各自的品质而享有各自应得的权力，那么城邦就能变为一个有机的整体，一个和谐的宇宙。梭伦说：“我给了平民足够的权力，对他们的荣誉既没有减少，也没有增加。”因此，既不存在平等的行政参与权——最高的行政职位留给了最优秀者，也不存在平等的土地所有权：梭伦拒绝“把祖国的肥沃土地平等地分配给好人和坏人”。那么，平等在哪里呢？它在如下的事实中：既定的法律对所有公民都一视同仁，所有公民都可以参与法庭和公民大会。过去，调节社会关系的是富人的“傲慢”

和“冷酷心肠”。所以梭伦第一个拒绝服从他们，拒绝被人“说服”。现在，确定分配次序的是“公正”，成文法律代替了那种永远都是权贵获胜的力量竞争，迫使人们遵守公平的规范和均衡的约束。和谐是通过各种比例实现的，这些比例非常精确，因为梭伦使它们具有了近乎数字的形式。公民分布在与荣誉的变化相对应的 4 个等级里，等级的划分以农产品的收入量为依据：收入 500 斗者为最高等级，收入 300 斗者为“骑士级”，收入 200 斗者为“牛耕级”。[①] 由于中间等级的中介作用，城邦各个部分的协调成为可能，中间等级不愿看到处于两极的任何一方独霸政权。立法者以及他们颁布的法律都显示了这种居中的意愿，代表了这种能给城邦提供平衡点的“比例中项”。

道德思考和政治思考将沿着这条路线发展，人们将试图用“理性”型的关系来代替力量抗衡的关系，在各个领域建立起一种以尺度为基础的规章，它的目的是使那些组成社会生活的各种各样的交换比例化和平均化。

普鲁塔克指出，这种变化是由理性和规则带来的，而归于梭伦名下的一句话则说明了这种变化的意义：理性和

① ［译注］还有一个等级为收入在 200 斗以下者。

法律。[①] 阿纳卡西斯（Anacharsis）曾嘲笑雅典的智者梭伦，说他以为有了成文法律就能制止他那些同胞的非正义行为和贪婪的表现，但法律就像蜘蛛网，它可以捕捉弱小者，却可能被富人和权贵撕破。对此，梭伦以契约为例进行了反驳：人们之所以遵守契约，是因为违反契约对缔约双方都不利。[②] 所以对城邦来讲，关键在于按照缔结契约时那种互利的实际原则来颁布一些规范人与人之间关系的法则。

如威尔（E. Will）指出的那样[③]，必须把准确意义上的货币制度（由城邦发行和担保的国家货币）放入规范化、尺度化这种总体努力的范围内考察。货币现象所产生的经济后果是人所共知的：在这方面，它是引起希腊社会深刻变革的一个因素，它把希腊社会带向了重商主义。但是在最初，货币制度通过它所具有的社会、道德、思想的意义，与立法者的整体工程融合在一起。它标志着为了共

① 普鲁塔克：《梭伦传》，14，5。

② 同上，5，4—5。

③ 威尔：《科林斯历史和文化研究——从起源到米堤亚战争》，巴黎，1955 年版，第 495—502 页；《论希腊货币起源的伦理意义》，载《历史杂志》，1954 年，第 212 期，第 209 页及以下；《有关铸币起源的思考和假设》，载《钱币杂志》，1955 年，第 17 期，第 5—23 页。

同体的利益，贵族被剥夺了发行那种带有印记的金条的特权，国家控制了贵金属的来源，城徽代替了贵族的纹章。同时，以精确的数字计算的货币也是规范、支付、安排公民之间财产和劳务交换的手段。可能还像威尔暗示的那样，货币的发行或价值的变化也是一种不通过非法没收而使财产平均化的措施。从思想方面来讲，正式的货币用“法币”（*nomisma*）这个抽象概念取代了财富的旧形象。旧形象产生于“狂妄自大”，载负着感情的力量和宗教的意义，而法币是价值的社会标准，是一种理性的方法，通过它可以在各不相同的现实之间建立共同的尺度，并使交换中的社会关系平等化。

值得注意的是，希腊世界中贵族理想和民主精神这两大对立思潮在论战中都立足于同一个基点，都要求公正和平等。贵族思潮从梭伦的“良好的法律”的角度，把城邦视为一个“宇宙”，它由不同的部分组成，被法律维持在一种等级秩序中。和谐仿佛和弦，建立在一种音乐类型的关系上：2/1、3/2、4/3。公正的尺度应该协调各种本质上不相等的力量，保证一种力量对另一种力量的适度的优势。因此，“良好的法律”中的和谐意味着承认社会组织和个人都具有的某种二元性，某种善恶两极性，意味着必须保证善对恶的优势。在毕达哥拉斯学派中受到欢迎的便是这种倾向。[1]对柏拉图在《理想国》中所阐述的“节制”理论起指导作用的也是这种倾向。[2]“节制”不是国家某一部分的特殊品质，而是整体的和谐，它使城邦成为一个“宇宙”，成为“自己的主人”，如同一个人是自己的快乐和欲望的主人。柏拉图把“节制”比作大合唱，其定义是：“在关于国家和个人应该由谁指挥的问题上，最差的声音和最好的声音之间根据天性而达成的和谐。”毕达哥拉斯学派的政治家阿尔基塔（Archytas）的一篇文章使我们离开《理想国》的哲学高度，更贴近社会的具体情况。他给我们描绘了贸易交往及其必须遵循的契约规定为社会关系的尺度这一概念所带来的变化。这种尺度根据“比例平等”的原则，准确地衡量各个社会阶层的活动、职能、贡献、利益和荣誉之间的关系。阿尔基塔写道：“合理的计算方法一旦找到，就能结束停滞的状态，带来和谐；因为贪婪不复存在，平等得到实现，而契约性的贸易交往正是在平等的关系中进行的。由于这一事实，穷人接受强者的给予，富人

---

① 参见德拉特（A.Delatte）：《论毕达哥拉斯的政治学》，列日、巴黎，1922年版。

② 柏拉图：《理想国》，IV，430d 及以下。

给予需要给予的人，他们相互信任，通过这一方法来获得平等。”

我们在这里可以清楚地看到，社会关系被等同为契约的关系，而不再是统治和被统治的关系，这样的社会关系通过“互利性”、“可逆性”等术语表达出来。根据亚里士多德对塔兰托[①]状况的记载，阿尔基塔的本意大约是要在实际生活中把财产的个人所有权保持在那些“最优秀者”手中，条件是他们允许广大穷人享用这些财产，以便每人都在这样安排的形势中得到好处。对于“良好的法律”的提倡者来讲，公正被引入社会关系，这归功于精英阶层在道德和心理上的转变：最优秀者不再追求权力和财富，他们受过一种哲学教育，知道不仅不能要求过多，而且应该本着慷慨和大度的精神给予穷人。就穷人而言，他们限于物质条件，不可能拥有过多[②]，于是低等阶级被维持在应有的低等地位，但又不会受到任何不公正的待遇，这样便实现了与贡献成正比的平等。

民主思潮走得更远：它把所有公民都定义为“平等

① ［译注］塔兰托：意大利东南部城市，曾是大希腊时期斯巴达人建立的一个重要殖民地。

② 亚里士多德：《政治学》，II，1267b。

人”，享有参与全部公共生活的完全同等的权利，不论公民的财产和德行如何。这就是“法律面前人人平等”的理想，它以最简单的比例形式看待平等：1/1。唯一有可能协调公民关系的“公正尺度”便是完全彻底的平等。因此，与贵族思潮不同，重要的不再是寻找一种比例，以便按照功劳分配权力，使各种不和谐的成分达到协调，而是把分享权力、参与执政的机会严格地平分给所有人，消除一切使城邦各个部分相互对立的差异，用混合、融合的方法来统一这些部分，使它们在政治上没有任何区别。克利斯提尼的改革实现的正是这个目标。这一改革建立了一种整体的政治组织，其严密的结构、清晰的轮廓和彻底的实证精神是对下述问题的回答：用什么样的法律治理城邦才能使城邦在众多的公民中保持统一，使公民在他们必然具有的差别中保持平等？

在克利斯提尼之前，即从梭伦执政到僭主统治，再到庇西特拉图家族衰落的那个时期，雅典的历史贯穿着 3 个争权夺利、相互对抗的“派系”的冲突。这些派系代表了什么？它们反映了一系列复杂的社会现实，这些现实是我们现在的政治经济范畴无法完全涵盖的。首先，它们标志着部落和地域之间的紧密联系：3 个派系的名称分别取自划分了阿提卡的3个地区："平原派"是住在平原上的人，其实就是城市居民，他们拥有城市周围富饶的土地；"海岸派"是住在沿海地区的人；"山地派"是山里人，住在内地，即住在离城市中心最远的村庄里。与这种地域划分相对应的，是生活方式、社会地位和政治倾向的差异："平原派"是贵族，他们维护自己的"世袭贵族"的特权和土地所有者的利益；"海岸派"构成一个新的社会阶层，即中间阶级，他们力图阻止任何一个极端获胜；"山地派"是民众派，由小农、雇工、伐木工、烧炭工等组成，其中许多人在部落组织中没有任何地位，并且没有进入贵族城邦的范围。最后，这3个派系似乎是一些被保护集团，为大贵族服务，这些大贵族的争斗对政治起着决定性的影响。

这些派系在国家中组成了各自为政、相互对立的"部分"，直到克利斯提尼在新的基础上建立城邦之前[①]，它们不断发生公开的斗争，又不断达成妥协。克利斯提尼废除

① 当时的一个妥协办法似乎是把执政权轮流交给3个敌对派系的领袖；关于这一点，参见梅里特（B. D. Meritt）：《希腊碑文：一份早期执政官名单》，载《赫斯佩里亚》，1939年，第8期，第59—65页。这种试图在对立派系之间均衡地分配权力的做法，可以同亚里士多德讲述的前一个时期的做法相比较：任命10个执政官，其中包括5个贵族，3个农民、2个手工业者（《雅典政制》，13，2）。

了旧的部落组织，创建了十部落制度，用以代替原来构成阿提卡社会组织的 4 个伊奥尼亚部落。在这种制度中，每个部落仍同以前一样包括 3 个“三一区”，但阿提卡的所有选区从此都分布在这 10 个部落中。这样，城邦就处在有别于氏族关系和血亲联系的另一个层面上：部落和选区纯粹按地理位置划分，它们集合的是同一地域的居民，而不是氏族和胞族这样的有血缘关系的亲属。氏族和胞族虽然仍以旧的形式存在，但现在已和纯粹的政治组织无关。此外，每个新组成的部落都混合了它的 3 个不同“部分”，而在过去城邦却因此而分裂。因为，在每个部落所包含的 3 个“三一区”中，第一个“三一区”必然属于沿海地区，第二个必然属于内陆地区，第三个必然属于城市及其近郊。这样，每个部落都“混合”了城邦的人口、土地和各种活动。如亚里士多德指出的，如果克利斯提尼不是建立了 10 个部落，而是 12 个部落，那他就会把公民归入原有的“三一区”中（因为过去的 4 个部落共有 12 个“三一区”），他也就无法通过混合而成功地把公民大众统一起来①。

① 亚里士多德：《雅典政制》，21.4。

由此可见，行政组织顺应了一种融合统一全体社会成员的强烈愿望。另外，对民用时间的人为划分，也使所有按上述方法建立的彼此相似的社会集团能完全平等地分享权力。宗教生活仍然使用阴历，但行政年被分成10个时期，每期36天或37天，对应于一个部落。400人院扩大为500人院，每个部落有50名代表，以便在一年的10个时期中，每个部落轮流组成500人院的常务委员会。由于克利斯提尼的改革，使得平等的理想不仅表现在“法律面前人人平等”的抽象概念中，还与政治现实发生了直接的联系，引起了制度的变更。于是社会交往的世界构成一个严密的体系，受到数量关系的调节，这使得公民们可以相互“认同”，建立起平等、对称、互利的关系，共同组成一个团结的“宇宙”。城邦似乎成为一个均质的世界，没有等级，没有阶层，没有差异。权力不再集中于一个凌驾于社会组织之上的人物手中，而是平等地分布在覆盖公共生活所有领域的公共空间中，城邦在这里找到了自己的“中心”(meson)。按照规定的周期，最高权力从一个集团转到另一个集团，从一个人转到另一个人，这样，指挥和服从就不再像两个极端一样相互对立，而成为不可分离的两个方面，同处在一个可逆的关系中，在“法律面前人人平等”

的原则下，社会呈现为一个具有中心的、循环的“宇宙”，所有公民都是同类，因此每个公民都必须走完这个循环的全过程，按照时间的顺序依次占据和让出城邦空间的每个对称点。

第七章

宇宙起源与王权神话

在人类历史上，最初阶段的事件通常是我们无法知道的。但如果说哲学在希腊的出现标志着神话思维的没落和某种理性认识的开始，那么我们就可以确定希腊理性诞生的时间和地点，证实它的“身份”。公元前6世纪初，在伊奥尼亚的米利都，由泰勒斯、阿那克西曼德和阿那克西米尼（Anaximène）等人创立了一种新的思维方式，他们把自然当作对象，进行了非功利性的系统考察和总体描述，对世界的起源、构造、组织以及各种天气现象提出了解释。这些解释完全摆脱了古代的神谱和宇宙谱的戏剧性形象：各种原始神力的伟大形象都被抹去，不再有超自然的原动者（在那些讲述世界怎样出现、秩序怎样建立的创世神话中，正是这些原动者的历险、战斗和功绩构成了故事情节)，甚至也不再提及那些在官方宗教信仰中与自然力相联系的神。在伊奥尼亚的“自然哲学家”那里，实证性立即占据了全部存在。除了自然什么也没有。人、神、世界构成统一而均质的宇宙，完全处在同一个层次，是同一个自然的部分或方面。这个自然在任何地方都调动同样的力量，显示同样的生命，它赖以诞生、变化和组织的途径是完全能为人类智慧所认识的：自然“最初”的运作方式和它以后每日每时的运作方式没有什么不同，火总能烤干一件湿衣服，手摇筛子也总能使分散的大颗粒聚在一起。因为只有一个自然——这本身就排除了超自然的概念，所以也就只有一种时间。本原性、原始性等都失去了它们的威严和神秘，具有了日常现象中那种令人安心的平庸性。对于神话思维来讲，日常经验要与诸神“最初”完成的典范行为相比较，才可能获得说明和意义。在伊奥尼亚人那里，比较的基准被颠倒了：最初的事件和产生宇宙的力量是依照人们今天观察到的事实来设想的，属于一种类比性质的解释。不再是本原性照亮并改变日常性，而是日常性提供了理解世界的形成和组织所需的范例，使本原性变得清晰易懂。

这场思想革命显得如此迅猛和深刻，以至于人们以为无法用历史因果性来解释，有人说这是一个希腊奇迹。在伊奥尼亚的土地上，“逻各斯”仿佛突然脱离了神话，就像盲人突然看见了光明。这道理性之光被一劳永逸地揭示出来，似乎应该始终不断地照耀人类思想的进步。伯奈特（J. Burnet）写道：“伊奥尼亚的哲学家为后来的科学开辟了一条必由之路。”[①]他还在别处明确地说：“在神话观念中寻找伊奥尼亚学说的起源是完全错误的。”

康福德（F. M. Cornford）的观点与这种解释恰好相反。他认为，最初的哲学更接近神话结构，而不接近科学理论。伊奥尼亚的自然学说，不论就其灵感而言还是就其方法而言，都与我们所说的科学毫无共同之处，尤其是它完全不知道实验。另外，它不是产生自关于自然的朴素自发的理性思考中，而是用一种世俗化的形式和一套更抽象的术语移植了宗教已经建立的世界观。各种宇宙演化论重复并延伸了宇宙起源神话的基本主题，回答的是同一类型的问题，它们不像科学那样探索自然规律，却同神话一起思考秩序是怎样建立的、宇宙是怎样从混沌中产生的。米利都人不仅从创世神话中借来了一种世界形象，而且借来

① 伯奈特：《早期希腊哲学》，伦敦，1920年第三版。

了许多观念材料和阐释模式：各种自然“元素”的后面显露出古老神话中诸神的轮廓。这些元素在变为自然的过程中失去了人格化的神的特征，但它们仍然是活跃的、有生命的力量，仍然被认为具有神性。自然在运作时充满了那种曾为宙斯所特有的智慧和公正。荷马的世界是通过在各个主神之间分配领域和职能的方式组织起来的：宙斯得到的是天上的亮光，哈得斯是模糊的阴影，波塞冬是液体元素，他们3个共同拥有大地，大地上生活着人类和凡间所有那些种类混杂的创造物。伊奥尼亚人的宇宙是通过在各种元素力之间划分区域和季节的方式组织起来的，这些元素力相互对抗、相互平衡或相立结合。这种相似性并不模糊，康福德的分析揭示了赫西俄德的神谱和阿那克西曼德等人的哲学之间存在的密切对应关系。当然，赫西俄德是在讲述神谱，而阿那克西曼德已经是在描述自然的进程了，因为他拒绝“*phuein*”、“*génèsis*”等词的歧义性，这些词既指生育，又指生产；既指出生，又指起源。只要这些不同的词义还混淆在一起，人们就可以用性结合的说法来表述自然变化，就可以通过命名父母、建立系谱树的方法来解释某种现象。然而，尽管自然哲学家和神学家有如此大的差别，但他们的整体思想结构仍是相同的，他们都在创世之初设置了一种混沌未开的状态：这种状态在赫西俄德那里叫作“卡俄斯”（*Chaos*，混沌），在某些归于俄耳甫斯、穆塞（*Musée*）和厄庇美尼德名下的神谱中叫作“诺克斯”（*Nux*，黑夜）、“厄瑞布斯”（*Erèbos*，黑域）或“塔尔塔罗斯”（*Tartaros*，冥府），在阿那克西曼德那里则叫作“阿派朗”（*Apeiron*，无限定）。这个原始的统一体经过逐渐的分离和区别，显露出成对的相反现象——黑暗与光明、凝聚与稀散、热与冷、干与湿、高与低等，它们将世界划分为不同的现实和区域：亮而热的天空、阴而冷的空气、干燥的陆地、湿润的大海。这些通过相互分离而开始存在的对立面也可以混合统一起来，造成某些现象，如植物、动物和人类等一切有生命物的生与死。

但不仅这个整体模式被基本保留下来，而且直到细节方面，阐释过程的对称和某些主题的相符都表明自然哲学家的思想中仍保留着神话的表征，这些表征丝毫没有失去它们的启发力。① 性繁殖、宇宙卵、宇宙树、天地从混合到分离，所有这些形象都从阿那克西曼德等人对世界形成所作的“物理学”解释的字里行间流露出来：一颗种子或

① 参见德科尔特（M. De Corte）：《阿那克西曼德的神话与哲学》，载《拉瓦耳，神学与哲学》，1958年，第14期，第9—29页。

者说一个“胚芽”从“无限定”中“分泌”出来，它能产生热和冷；胚芽中心是冷，冷呈现为气；胚芽四周是热，热“成长”为一个火壳，包裹着冷，仿佛环绕大树的“树皮”。到了一定阶段，这层燃烧的球形外壳“脱离”它原来依附的内核，像贝壳破碎般爆裂，形成一个个火圈，这些火圈就是星辰。我们标出了这里使用的胚胎学词汇，这些词汇让人联想到性繁殖和男女神结合的主题并使这些主题合理化，如“胚芽”、“分泌”、“脱离”，以及从“phleô”这个与繁殖的意思有关的动词派生而来的“phloios”一词，它可以指胚囊、卵壳、树皮，更一般地讲，可以指任何像薄纱一样把生长过程中的动植物机体包裹起来的皮。①

然而，尽管有这些相似性和这些不自觉的影响，神话和哲学之间并非真有连续性。哲学家不满足于用“自然”去重复神学家在“神力”中表达的内容。格调的变化和世俗词汇的运用是与一种新的精神态度和思想氛围相对应的。米利都人第一次明确地把世界的本原和秩序作为问题提了出来，对于这个问题必须给出一个与人类理智相称的、毫

① 鲍德里（H. G. Baldry）:《苏格拉底前的宇宙谱中胚胎学的类比》，载《古典季刊》，1932 年，第 26 期，第 27—34 页。

不神秘的回答，它应该像日常生活中所有其他问题一样可以放在全体公民面前公开讨论。这样，一种摆脱了任何仪式考虑的认知功能便确立下来。这些自然哲学家坚决无视宗教世界的存在，他们的探索与崇拜仪式毫无共同之处，而神话尽管具有相对的自主性，却总与崇拜仪式保持着或多或少的联系。

知识的非神圣化和一种外在于宗教的思想形态的出现，这些并不是无法理解的孤立现象，哲学在形式上与精神世界有着直接的联系，在我们看来，这个精神世界确立了城邦的秩序，它的特点恰恰就是社会生活的世俗化和理性化。但哲学在内容上也从属于城邦制度。米利都人确实借鉴了神话，但他们也非常深刻地改变了世界形象，把世界形象纳入一个空间范围，按照更为几何化的模式加以组织。为了构建新的宇宙学，他们使用了政治道德思考的各种术语，把秩序和法律的观念投射在自然世界上，这些观念在城邦中赢得胜利，使人类世界成为一个“宇宙”。

希腊的神谱和宇宙谱，像晚于它们的各种宇宙演化论一样，包括了一些讲述有序的世界怎样逐渐产生的创世故事，但它们同时是而且首先是另外的东西：王权神话。它们赞美某个统治全宇宙的神的威力，讲述他的出生、战斗和胜利。自然、社会和宗教仪式等各个方面的秩序都是这个主神胜利的结果。世界之所以不再陷入动荡和混乱，是因为主神与敌手和魔鬼交战之后，他的最高权力得到了最终的保证，再不会受到任何质疑。所以赫西俄德的《神谱》就像一曲献给宙斯王的赞美歌。提坦诸神（Titans）和堤丰（Typhée）都败给了克洛诺斯（Cronos）的儿子，不仅他们的失败作为《神谱》的结尾使这首诗的结构更加完整，而且这首诗的每个章节都重复和浓缩了宇宙起源神话的整体结构，宙斯的每一次胜利都是一次创世。提坦诸神和奥林匹斯诸神这两个敌对世系互相残杀的战斗故事明确描述了世界向那种模糊混乱的原始状态的回归。地神该亚（*Gaia*）、天神乌拉诺斯（*Ouranos*）、海神蓬托斯（*Pontos*）、大洋神俄刻阿诺斯（*Okéanos*）和塔尔塔罗斯（*Tartaros*），这些曾经相互区别、各就其位的原始神力，由于战斗的震撼又混合了起来。赫西俄德讲述过该亚和乌拉诺斯的分离，但他们好像又重聚在一起，合为一体，似乎是一方倒向了另一方。地下世界仿佛闯入光明之中，可见的世界不是把它稳定有序的背景安置在两个限制它的固定基点之间——人类居住的大地和诸神所在的天空——而是恢复了原始的混沌面貌，[1]变成了一个令人昏眩的黑暗深渊，一个无底洞，一个没有方向、旋风任意乱舞的空间。宙斯的胜利使一切又恢复了正常。冥界诸神提坦被套上锁链，打入有风的塔尔塔罗斯深处。从此，在这个天、地、海共同扎根其中的地下深渊里，狂风尽可以无休止地胡闹，因为波塞冬永远封死了黑夜的大门，关闭了提坦诸神，“混沌”再不会闯入光明、吞没可见的世界。

反对堤丰的战斗（这可能是公元前7世纪末增加的内容）也重复了类似的主题。康福德在他那些富于启发性的章节中把这段故事同马尔杜克（Marduk）[2]反对提阿玛特（Thmat）的战斗作了比较。堤丰同提阿玛特一样代表着混乱和无序的力量，代表着向无定形的混沌状态的回归。这个能发出上千种声音的魔鬼是格（*Gè*，即该亚）和塔尔塔罗斯的儿子，不难想象，如果由他来代替宙斯统治众神和人类，世界将会发生什么：从他的尸体中生出了风，这风不像诺托斯（Notos，南风神）、玻瑞阿斯（Borée，北风神）、泽费罗斯（Zéphyr，西风神）那样总是固定地、有

① 赫西俄德：《神谱》，700—740。

② ［译注］马尔杜克：美索不达米亚宗教崇拜的神灵，巴比伦城的主神和巴比伦国的国神。

规律地向同一个方向吹，而是像疯狂的阵风一样忽此忽彼地朝着无法预料的方向随意乱刮。提坦被打败、堤丰遭雷击之后，宙斯在众神的催促下掌握了最高统治权，登上了众神之王的宝座，然后他向奥林匹斯诸神分配了职责和荣誉。同样，马尔杜克被宣布为众神之王，他杀死了提阿玛特，将其尸体劈成两半，一半扔到空中，形成了天；然后，他调整了星辰的位置和运动，规定了年和月，组织了时间和空间，创造了人类，分配了特权和命运。

希腊神谱和巴比伦创世神话之间的这些相似性不是偶然的。由于近期发现的两批文献，康福德提出的借用假说不仅被证实，而且得到了细节上的修正和补充：一批是拉斯沙姆[①]出土的公元前 14 世纪初的腓尼基书版，另一批是楔形文字写成的赫梯文献，这批文献转写了公元前 15 世纪胡里人的一个古老传说。这两组几乎同时被发现的神谱显示了一系列新的汇合点，解释了为什么在赫西俄德的故事结构中有一些似乎文不对题或无法理解的细节。这样，东方对希腊创世神话的影响，这种影响的范围、限度、渠道和时间等问题，便以具体而可靠的方式被提了出来。

---

① ［译注］拉斯沙姆：叙利亚境内的青铜时代城市遗址，又称乌加里特。

这些东方神谱和以它们为模式的希腊神谱一样，创世的主题仍然被纳入一部宏伟的王国史诗之中，史诗讲述的是历代神祇和各种神力为统治世界而相互对抗的故事。王权的确定和秩序的建立是同一出神界悲剧不可分割的两个方面，是同一场斗争的赌注，同一次胜利的果实。这个总体特征表明，神话故事从属于王国仪式，它最初是王国仪式的一部分，为王国仪式"口头伴奏"。巴比伦的创世诗《伊奴玛·伊立希》就是在巴比伦王国每年的"新年创立节"第四天咏唱的。在这个日子里，时间被认为已经走完了一个周期，世界又回到了它的起点。在这个关键时刻，全部秩序都重新受到质疑。节日期间，国王照例要模仿一场同龙的搏斗，他每年以这样的方式重复马尔杜克最初在同提阿玛特的战斗中立下的功绩。国王接受的考验和取得的胜利具有双重意义：确认君主的最高权力，同时意味着重新建立宇宙、季节和社会的秩序。由于国王的宗教作用，世界的组织在经过一段危机之后得到更新，并被维持在一个新的时间周期中。

巴比伦的仪式和神话反映了一种特殊的观念，它涉及王权和秩序的关系。国王不仅统治社会等级，也介入自然现象的进程。空间的组织、时间的创立、四季循环的调节都被纳入国王的活动，构成国王职能的一部分，由于自然和社会混合在一起，所以各种形式、各个领域的秩序都被置于国王的管辖之下。不论是人类社会的秩序，还是世界的秩序，都还没被当作一种自足自为的抽象概念来思考。秩序要建立才能存在，要维护才能持久，它永远需要一个组织它的原动者，一个能够推动它的创造力。在这种神话思维的范围内，我们不可能想象有一个自主的自然领域或一种内在于世界的组织法则。

在希腊，不仅赫西俄德的神谱就其整体结构来讲是以同样的方式组织的，而且后来一些更完善的宇宙谱也是如此，如菲勒塞德斯的宇宙谱。亚里士多德曾把菲勒塞德斯排在那些已经把哲学和神话混合起来的神学家之列。菲勒塞德斯是阿那克西曼德的同代人，他虽然保留了传统中主要神祇的形象，但又通过词源上的文字游戏改变了这些神的名称，以便暗示或强调他们的自然力特征。“Cronos”（克洛诺斯）变成了“Chronos”，意为“时间”；“Rhea”（瑞阿）变成“Rè”，意为“流动”；“Zeus”（宙斯）被叫作“Zas”，可能是为了表达力的强度。不过，菲勒塞德斯的神话仍然围绕着争夺世界的统治权这个主题展开。人们可以根据流传下来的菲勒塞德斯残篇对此作出判断，菲勒塞德斯讲述了克洛诺斯与俄菲翁（Ophion，提坦诸神之一）的战斗、双方部队的交锋、战败者落入大洋、克洛诺斯在天上统治，然后可能是宙斯的进攻和夺权、宙斯通过厄洛斯（Eros）的中介或帮助与克托尼亚隆重结合。在宙斯王与地下女神克托尼亚的“神婚”过程中，可见的世界出现了，“揭开面纱”的婚礼仪式也首次固定了下来。在婚礼的作用下，阴暗的克托尼亚变了样，她裹着宙斯为她织就的面纱，面纱上绣着大海的图案和陆地的形状。阴暗的地下女神接受了宙斯为证明她的新特权而送给她的礼物，于是变成了可见的大地。然后，宙斯向众神分配了他们的份额，为每个神规定了应得的那部分宇宙。他让狂风和暴雨把混乱和狂妄的力量押送到了塔尔塔罗斯。

因此，在各种神谱中，准确意义上的起源问题，即便不是完全模糊，至少也是处在次要位置。神话不是询问有序的世界怎样从混沌中产生，而是回答如下的问题：谁是最高的神？谁获得了世界的统治权？从这个意义上讲，神话的功能就是在时间的第一性与权力的第一性之间、在时间上的世界本原与主宰现实世界的君王之间建立一种区别，拉开一段距离。神话就是在这段距离中构成的，神话甚至把这段距离作为叙述的对象，通过世代神祇的接续，重现王权的更迭，直到一种最高统治最终结束王权的戏剧性建设为止。必须指出，后来在哲学思想中颇有成就的“本原”（*archè*）一词并不属于神话的政治词汇。[①] 这不仅因为神话仍然依附于一些更加“王国化”的词汇，而且因为这个词毫无区别地同时指向时间序列上的起源和社会等级中的首位，这样它就取消了神话赖以立足的那段距离。当阿那克西曼德采用这个词、首次赋予它“基本原理”的哲学含义时，这一创新不仅意味着哲学家放弃了神话特有的“君主制”词汇，而且表明哲学家希望把神学家必然分开的一切重新合在一起，即尽可能地把时间上的第一、事物产生的原理和世界的支配者统一起来。因为对于自然哲学家来说，世界的秩序不可能是在某个特定的时刻通过某个特殊的原动者的作用而建立的：支配世界的伟大法则是内在于自然的，它应该以某种方式已经存在于那个最初的元素中，世界就是从这个元素中逐渐产生的。亚里士多德在《形而上学》中提到古代的诗人和“神学家”时指出，对于他们来讲，执掌世界统治权的不是诺克斯、俄刻阿诺斯、卡俄斯、乌拉诺斯等原始力量，而是一个迟到者——宙斯。[②] 相反，

① 在赫西俄德作品中，“*archè*”一词只在时间意义上使用。

② 亚里士多德：《形而上学》，1091a33—b7。

阿那克西曼德却认为，对“无限定”而言，没有什么是本原（因为“无限定”从来都存在），但“无限定”是其他一切事物的本原，它包容一切，支配一切。[①]

现在让我们扼要地确定一下，希腊神谱是在什么样的框架中描绘世界形象的：

1. 世界是力量的等级划分，它的结构类似人类社会，所以不可能用单纯的空间模式来正确地表现，也不可能用位置、距离、运动等词汇来描述。它的秩序复杂而严谨，显示了原动者之间的关系；它由力量对比，座次、权力和头衔的等级，统治和服从的关系所构成。它的空间特征（宇宙层次和空间方向）表现出的主要不是几何性质，而是职能、价值和地位的差异。

2. 这种秩序不是以必然的方式通过那些世界基本元素的能动作用显示出来的，而是以戏剧性的方式通过一个原动者的功绩建立起来的。

3. 世界被这个原动者的巨大力量主宰，他是唯一的，享有特权，处在高于其他神明的层面上，神话把他设

① 亚里士多德：《物理学》，203b7。

想为高居宇宙大厦之巅的君王，正是他的个人统治维持了各种组成世界的力量之间的平衡，确定了每种力量在等级划分中的位置，界定了它们的职能、特权和应得的荣誉。

这 3 个相互联系的特征使神话故事具有了严密性和自身的逻辑性。它们也表明，不论是在希腊还是在东方，神话都与王权思想有关，这种思想把四季秩序、大气现象、土地的丰产、牛羊的繁殖和女人的生育都置于国王的管辖之下。在迈锡尼时代，那个司掌天气、带来雨水、广施自然财富的国王形象反映了社会的现实，适应了仪式的需要；这一形象在荷马和赫西俄德的某些章节中①，在有关萨尔摩纽斯（Salmoneus）和埃阿科斯（Eaque）等神的传说中仍有表现。不过在希腊世界，这只可能是一些残余。迈锡尼王国崩溃之后，随着王宫体制和瓦纳卡这个人物的消失，旧有的王国仪式剩下的只是一些失去了意义的遗迹。那个周期性地重建世界秩序的国王已经从人们的记忆中抹去，神话中归于某个国王名下的功绩与自然现象的组织这两者之间的联系已经显得不再那么清晰。王权的分裂以及

① 荷马：《奥德赛》，XIX，109；赫西俄德：《劳作与时日》，225 及以下。

对王权的限制帮助神话摆脱了宗教仪式。以前，神话故事扎根在宗教仪式之中，是对崇拜活动的评述，现在它解放了，可以获得一种更超脱、更自主的性质。从某种角度讲，它可以准备和预示哲学家的著作。在赫西俄德的某些章节中，宇宙秩序似乎已经脱离了国王的职能，解除了宗教仪式的一切束缚。这样，宇宙秩序的起源问题就以更为独立的方式提了出来。世界的出现不再用功绩之类的词汇描述，而被当成力量作用下的一个生殖过程，这些力量的名称直接涉及自然现实：天、地、海、光、夜等。我们这里指出的是《神谱》开始部分的“自然主义”倾向，它与这首诗接下来的内容形成反差。但是，这种按照自然发展的规律描述宇宙起源的最初尝试也许包含着更重要的意义，这个意义恰恰在于它的失败。赫西俄德的思想尽管显示了界定概念的努力，却仍然囚禁在他的神话框架中。乌拉诺斯、该亚、蓬托斯虽然是一些自然现实，显出天、地、海的具体形态，但同时也是一些以人的方式行动、结合、繁衍的神。赫西俄德的思想在两个层面上理解同一种现象，如陆地和海水的分离，这既被看作是可见世界的自然事实，又被看作是原始时代的神性生育。要与神话的词汇和逻辑决裂，赫西俄德就必须找到一种整体构思，用它来代替那种君王支配原始神力的等级制神话模式。他的失败就在于没能设想一个服从法律统治的世界，一个组织起来的宇宙：这个宇宙强迫它的所有组成部分都遵守同样一种由平衡性、相互性和对称性构成的“法律面前人人平等”的秩序。

第八章

世界的新形象

要衡量米利都人完成的思想革命的规模，就必须以阿那克西曼德的著作为主要分析依据，与泰勒斯和阿那克西米尼的理论相比，古希腊文献对他的介绍更为完整，或者说不那么简略。另外，阿那克西曼德不仅把“本原”这个重要术语引入他的词汇，而且他还选择用散文写作，与神谱的诗歌风格彻底决裂，开创了一种适合“探究自然”的新体裁。最后，我们看到，正是在阿那克西曼德的著作中，那种对希腊人的世界观产生过深远影响的新宇宙模式得到了最严谨的表述。

这种宇宙模式仍然是生成性质的。同“自然”、“诞生”等词一样，“本原”保留了它的时间含义：起源，来源。自然哲学家探求世界是从哪里、通过什么途径产生的。这一生成过程可以解释秩序的出现，但现在秩序被投射在一个空间范围里。在此应该着重指出一点：米利都人显然受惠于巴比伦天文学，他们借用了巴比伦天文学的观测结果和方法，据传这曾帮助泰勒斯预报过一次日食。米利都人的一些仪器也源于巴比伦天文学，如阿那克西曼德带给斯巴达的那个日晷。恢复与东方的交往，这对一门希腊科学的兴起再次显示了决定性的意义，在这门科学中，天文方面的考虑最初起了重要作用。然而，由于希腊天文学具有几何特点，而不是算术特点，由于它具有世俗性，不受任何星相宗教的束缚，所以它一开始就处在与它所借鉴的巴比伦科学不同的层面，伊奥尼亚人在空间确定宇宙的秩序，根据几何模式想象世界的构造，星辰的位置、距离、体积和运动。他们在板上画出了一张地图，把人类居住的世界放在所有人面前，包括它的形状、地域、海洋、江河；同样，他们还制造了宇宙的机械模型，比如，据说阿那克西曼德发明了一个天球仪。他们用这样的方法让人们“看见”宇宙，使宇宙成为一个完整意义上的“景观”(*théoria*)。

自然世界的几何化引起了宇宙演化论的全面变革，宣告了一种思想形态和一种阐释体系的到来，它们与神话毫无相似之处。这里可以举一个例子：阿那克西曼德认为，地球静止不动地处在宇宙的中心；他还说，地球之所以静止不动地待在这个位置上而不需要任何支点，是因为它与天体圆周所有点的距离都相等，没有任何理由偏下或偏上，偏向一边或偏向另一边。由此可见，阿那克西曼德把宇宙放在了一个由纯粹的几何关系构成的、数学化的空间里。这样，等级世界的神话形象就被抹去了：在神话中，高和低截然对立，它们标示不同的宇宙层面，区分各种神力，空间方向也具有相互对立的宗教意义。另外，神话为了证明地球（“一切生命的可靠基础”——赫西俄德语）的静止状态而作的全部解释，也因此显得徒劳而可笑：地球不再需要“支点”和“根基”，不再像泰勒斯所说的那样漂浮在一种它生于其中的液体元素上或一个漩涡上，也不再像阿那克西米尼所说的那样停留在一个气垫上。空间模式一旦绘制出来，一切都得到了说明，一切都清楚了。只要知道一个圆的所有半径都相等，我们就能理解，为什么人能绝对安全地在地面上行走，为什么地球不像它表面的物体一样落下来。

几何使宇宙具有了另一种结构，与神话赋予它的那种结构完全不同。世界的任何元素或任何部分都不再享有损害其他部分的特权，任何自然力量都不再像“巴赛勒斯”那样占据支配一切的统治地位。如果地球处在正圆形宇宙的中心，它就可以因距离相等而保持不动，不受任何东西的统治。阿那克西曼德在这里使用了“统治权”（*Kratos*）的概念，这表明伊奥尼亚人的宇宙演化思想中仍保留了一套政治术语和概念。但正如卡恩（Ch. H. Kahn）在他最近的一篇研究文章中所指出的，阿那克西曼德在这方面提出的论点远远超过了其弟子阿那克西米尼在他之后阐述的论点。① 对阿那克西米尼来讲，地球需要停留在空气上，空气主宰着它，就像灵魂主宰着肉体。对阿那克西曼德则正好相反，世界的任何一个元素或部分都不可能统治其他元素或部分。新的自然秩序的特点在于，组成宇宙的各种力量是相互平等和对称的。最高权力只属于一种平衡和互动的法则。在自然中如同在城邦中，“法律面前人人平等”的制度取代了“个人统治”。

所以阿那克西曼德拒绝像泰勒斯或阿那克西米尼那样把“本原”的崇高地位赋予水、空气或其他任何元素。第

① 卡恩：《阿那克西曼德与希腊宇宙演化论的起源》，纽约，1960 年版。

一实体是“无限的、不死的、神性的，包容和统治一切”，阿那克西曼德把它设想为一种特殊的现实，与所有元素都不同，是它们共同的起源，是它们从中汲取养分的永不枯竭的源泉。亚里士多德向我们说明了这种选择的理由：如果一个元素具有那种属于“无限定”的无限性，其他元素就会被它毁灭，因为元素是在相互对立中确定的，它们必须永远处在相互平等的关系中，或者如亚里士多德在别处所说的，处在“力量的对等”中。[①] 我们没有理由怀疑亚里士多德的论证的正确性或否定他对阿那克西曼德的思想的解释。我们应注意到，亚里士多德的论证意味着权力和秩序的关系发生了根本的变化。在神话中，王权和个人统治建立并维护秩序，但在阿那克西曼德的新视野中，它们却似乎成了秩序的破坏者。秩序不再是等级，而是在各种从此相互平等的力量之间的平衡，任何一种力量都不应对其他力量实行最终的统治，否则就会毁灭宇宙。“无限定”之所以能拥有“本原”，统治一切，正是因为它的统治排除了某个元素篡夺王权的可能。“无限定”的优先性保证了一种持久的平等秩序，这种秩序建立在关

① 亚里士多德：《物理学》，204b22 和 13—19；《天象学》，340a16。

系的相互性上，它高于所有元素，迫使它们遵循共同的法则。

此外，力量的平衡并不等于静止，它包含着对立和冲突。每种力量轮流占据优势，夺取权力，然后又与它最初的前进成比例地后退，让出权力。在世界中，在四季的更替中，在人的肌体中，一种有规律的循环就这样把最高权力从一个力量传到另一个力量，把所有元素的统治和服从、进和退、强和弱、生和死当成对称的、可逆的两极而连接起来。阿那克西曼德认为，这些元素“按照时间顺序，因它们犯下的不公正行为而相互补偿，相互惩罚”。

一些相互对立、不断冲突的“能量”构成了世界，它们被迫服从一种公正的补偿法则和一种使它们保持完全平等的秩序。在一视同仁的公正的制约下，各种元素的力量尽管具有多元性和多样性，却能在有规律的均衡运动中联合并协调起来，组成统一的宇宙。

阿那克西曼德对这种世界新形象作了非常严谨的阐释，它必然地成为苏格拉底之前哲学界和医学思想界的共同话题。公元前5世纪初，阿尔克迈翁（Alcméon）在表述医学思想时所用的术语非常清楚地说明了这一思想的政治来源，而且弗拉斯托斯（A. G. Vlastos）也就此发表了多篇论文[①]，所以我们不必在这个问题上花费过多的时间。阿尔克迈翁把健康定义为“能力的平衡”，即干与湿、冷与热、苦与甜等的平衡；相反，疾病是一个元素对其他元素实行“个人统治”的结果，因为某个特殊元素的排他性统治具有破坏力。

但社会经验并不仅仅是为宇宙演化思想提供了一种平等的法则和秩序的模式，用以代替君主的极权。在我们看来，城邦制度还与新的空间观念密切相关，因为城邦的机构是在一种政治空间上折射和体现出来的。在这个方面我们注意到，最初的城市规划者其实都是政治理论家，如米利都的希波达谟（Hippodamos）：城市的空间布局只是为了组织人类世界并使之合理化而作出的总体努力的一个方面。在柏拉图和亚里士多德那里，城邦空间和城邦机构之间的联系依然十分清楚地显示出来。新的社会空间是有中心的。“统治权”、“政权”、“王权”不再置于社会等级的最高层，而是“置于中心”，置于社会集团的中心。现在受到

---

① 弗拉斯托斯：《早期希腊宇宙演化论中的平等和正义》，载《古典语文》，1947 年，第 42 期，第 156—178 页；《早期希腊思想中的神学和哲学》，载《哲学季刊》，1952 年，第 97—123 页；《论法律面前人人平等》，载《美国语文杂志》，1953 年，第 74 期，第 337—366 页；有关康福德著作的评述：《智慧的原则》，载《指时针》，1955 年，第 27 期，第 65—76 页。

重视的正是这个中心。城邦的得救要依靠那些被叫作“中间者”的人，因为他们与各极的距离都相等，构成了一个平衡城邦的固定点。对这个中心而言，所有个人和集团都占据着对称的位置。“公众集会广场”在原地实现了这种空间布局，成为一个公共空间的中心，因此所有进入其中的人都被定义为“平等人”。他们一出现在这个政治空间，便处在完全互动的关系中。“公共的赫斯提亚”①，即“公共之火”就是这个政治共同体的象征②：“公共之火”通常安放在广场的公共建筑中，仿佛与城邦各家各户的距离都相等，关系到众多家庭的炉灶；它必须代表所有家庭，但不与任何一个家庭认同。这是有中心的空间，是公共的、平等的、对称的空间，但也是世俗化的空间，它适合于对峙、讨论和辩论，与“卫城”的宗教空间相对立，如同人类城邦的“世俗事物”领域与涉及诸神的“神圣利益”领域相对立一样。

这个新的空间框架有利于希腊天文学朝着它特有的几

---

① ［译注］赫斯提亚（Hestia）：希腊神话中的灶神，其祭坛中通常燃有一团长明火，象征城邦之家。

② 参见热尔内：《关于古希腊的政治象征：公共之火》，载《国际社会学手册》，1951 年，第 11 期，第 21—43 页。

何学方向发展；政治空间表现人类“宇宙”，自然空间反映米利都人的自然“宇宙”，两者的结构非常相似；这就是我们比较某些文献时得到的启示。

根据古希腊文献编撰者的记载，阿那克西曼德认为，地球之所以能够静止不动，是因为它处在“中心”，具有“相似性”和“平衡性”。阿那克西曼德还说，地球处在中心，所以不受任何东西的“统治”。在我们看来，阿那克西曼德在无统治、中心性、相似性等概念之间建立的联系十分奇怪，我们可以把他的观点同希罗多德的一篇政治文章相比较，在这篇文章中我们可以发现同样的词汇和同样的概念联系。希罗多德写道，僭主波吕克拉底（Polycrate）死后，被波吕克拉底指定在其身后执掌权杖的迈安得里乌召开了全体公民大会，宣布他决定废除僭主政治，他大致是这样说的：“波吕克拉底对他的同类人实行独裁统治，他这样做时并没有得到我的同意……至于我，我把权力置于中心，我向你们宣布法律面前人人平等。”①

这样的比较非常说明问题，尤其是因为米利都人自己设想的那种自然空间与某些社会表征相吻合，这一自然

① 希罗多德，3，142。

空间以对称的方式组织在一个中心的周围。据阿伽塞美鲁（Agathemeros）记载，泰勒斯的弟子阿那克西曼德第一个在板上画出了人类居住的地球，在他之后，米利都的赫卡泰乌（Hécatée）画了一张更精确的地图。[①] 阿伽塞美鲁还说：古人把人类居住的地球画成圆形，希腊在地球的中心，德尔菲在希腊的中心。我们知道，这种设想曾遭到希罗多德的嘲笑，他写道："以前许多人都画过地图，但没有一个人作出过合理的解释，我觉得这很可笑，他们把地球画得像用圆规量过那样圆，把海洋画得绕着地球跑，把亚细亚画得和欧罗巴一样大。"[②] 希罗多德认为，这种对自然空间的几何化有些过分，他在另一段文字中向我们揭示了这种做法的政治体制背景：在遭受了一场灾难之后，全体伊奥尼亚人都聚会在帕尼欧尼翁。七贤之一的彼亚斯（Bias）首先建议组成一个共同的船队，开往撒丁岛，在那里建立一个统一的帕尼欧尼翁城。米利都的泰勒斯接着讲话。他提议组成一个统一的委员会，会址设在提奥斯岛，因为这个岛位于"伊奥尼亚的中心"；其他城市将继续有人居住，但从此处于周边郡区的地位，归属统一的

① 阿伽塞美鲁，1，1。

② 希罗多德，4，36。

城邦。[1]

此外，我们还有一个证据表明，“中心”的政治含义、几何含义和自然含义曾经相互影响，“中心”被设想为一个固定的点，不论是在社会中还是在自然中，环绕着这个中心的都是一个平等的空间，它由对称的、可逆的关系构成[2]：“赫斯提亚”——公众集会广场上人类新秩序的象征，在菲罗劳斯（Philolaos）那里还可以指宇宙的中心火，在其他哲学家那里则可以指静止不动地处在自然世界中心的地球。[3]

柏拉图在公元前4世纪仍然十分重视自然宇宙的结构和社会宇宙的组织之间的这些对应关系。这位哲学家让人在学园门口刻上“非几何学家勿进”，由此证明，同一来源、同一倾向在希腊人的几何思想和政治思想之间建立并保持着长久的联系。在《高尔吉亚篇》中，柏拉图借苏格

---

① 希罗多德，1，170。

② 当然，神话思维也知道并重视圆形和中心，但宗教形象的“中心”不组织对称的空间，相反，它意味着一种等级的空间，各个宇宙层次通过中心而相互沟通。中心（公共之火）的政治作用似乎是充当中介，连接宗教所表达的中心和几何学概念所表达的同质空间的中心。

③ 参阅西格尔（R.E.Siegel）：《论早期科学思想与神秘主文的关系：中心火“赫斯提亚”是一个抽象的天文学概念吗?》，载《雅努斯》，1960年，第49期，第1—20页。

拉底之口抨击了以卡利克勒（Callicles）为代表的一切拒绝学习几何的人，他把对“几何平等”这种自然宇宙基础的认识与“公正”、“节制”这些城邦新秩序赖以建立的政治价值紧密地联系在一起：“据博学者说，天和地、神和人相互联系，组成了一个共同体，它包含着友爱、秩序、节制和公正……卡利克勒，你如此渊博，竟没有注意到这一点。你忘记了，几何平等不论对人还是对神都具有强大的威力：所以你才轻视几何。”①

① 柏拉图：《高尔吉亚篇》，508a。

结束语

城邦的出现和哲学的诞生，这两种现象之间的联系如此密切，以至于理性思想的起源不可能不涉及希腊城邦特有的社会结构和精神结构。伊奥尼亚人的年轻哲学往往被当作降世到时间中的永恒理性受到敬仰，而哲学一旦被放回历史，便褪去了人们赋予它的这种神启性。米利都学派不是看到了“那个”理性的诞生，而是建立了“一种”理性，一种理性的雏形。希腊理性不是现代科学的实验理性，现代科学的实验理性以探索自然界为目的，它的方法、知识手段和思想框架是在近几个世纪以来人们为了认识和驾驭大自然而作的艰苦努力中确立下来的。当亚里士多德把人定义为“政治的动物”时，他就已经强调了希腊理性与现代理性的区别。在他看来，“智慧的人”（*homo sapiens*）

就是“政治的人”(*homo politicus*)，因为从实质上讲，理性本身就是政治。

确实，希腊理性首先是在政治方面表达、建立和形成的。在希腊人那里，社会体验成为实证思考的对象，因为这种体验适合城邦中展开的公开论辩。当最初的智者把人类秩序作为问题讨论时，当他们试图定义人类秩序、把它表述为可以理解的话语形式、使它具有数量和尺度的规范时，神话的没落就开始了。这样，一种外在于宗教的真正的政治思想便出现并确定下来，它有自己的术语、概念、原则和理论观点。这种思想深刻地影响了古代人的精神面貌，它是一种文明的特征，这种文明只要还有生命，就把公共生活视为人类活动的最高境界。在希腊人看来，人和公民是不可分的；思考是那些自由人的特权，他们在发挥自己的理性的同时，也行使自己的公民权。因此，政治思想既为公民提供了建立相互关系的框架，也引导和组织了他们在其他领域的精神活动。

哲学在米利都诞生时，就是在这样的政治思想中扎根的，哲学表达了这种思想所关注的基本问题，并借用了它的一部分术语。当然，哲学很快就显示出了更大的独立性。自巴门尼德（Parménide）以来，哲学找到了自己的道路，开始探索一个新领域，提出一些只属于自身的问题。哲学家不再像米利都人那样询问什么是秩序、怎样形成秩序、怎样维持秩序，而是探索存在和认知的本质以及两者的关系。这样，希腊人就为人类思想史增加了一个新的维度。为了解决哲学方法的进步本身所带来的理论难题，哲学逐渐铸造了自己的一套语言，建立了自己的概念、逻辑和合理性。但是，在这个过程中，哲学很少接近自然现实，很少借助对自然现象的观察，也没有做实验，实验这个概念本身一直与哲学无缘。哲学构建了一种数学，但没有用它来考察自然。在我们看来，几何学最初与政治结合在一起，但这样的结合却没有在数学与自然、计算与实验之间出现。对于希腊思想来说，尽管社会应当服从数量和尺度的制约，但自然却代表着不精确事物的领域，不适合精确的计算与严谨的推理。希腊理性不是在人与物的关系中形成的，而是在人与人的关系中形成的，它的发展不是得益于那些对世界发生作用的技术，而是得益于那些对他人发生作用的技术，这些技术的共同手段就是语言，它是政治家、修辞家和教师的艺术。希腊理性是这样一种理性，它以实证的、反思的、系统的方式影响人，而不是改造自然。不论就其局限性还是就其创造性而言，希腊理性都是城邦的女儿。

参考文献

第一章

V. Gordon Childe, *The dawn of european civilization*, 6^{e}éd., London, 1957; H. L. Lorimer, *Homeand the monuments*, London, 1950; A. Severyns, *Grèce et Proche-Orient avant Homère*, Bruxelles, 1960; Sterling Dow, «The greeks in the bronze age», *in Rapports du XI^{e}Congrès international des sciences historiques*, 2, *Antiquité*, Uppsala, 1960, p. 1-34; Denys L. Page, *History and homeric Iliad*, Berkeley and Los Angeles, 1959; *The Aegean and the Near East, Studies presented to Hetty Goldman*, New York, 1956.

第二章

John Chadwick, *The decipherment of Linear B*, Cambridge, 1958; *Études mycéniennes. Actes du Colloque international sur les textes mycéniens*, Paris, 1956; L. R. Palmer, *Achaeans and Indoeuropéens*, Oxford, 1955. M. Ventris et J. Chadwick, *Documents in mycennean greek*, Cambridge, 1956.

关于社会结构和地租系统，参见: W. E. Brown, «Land-tenure in mycenaean Pylos», *Historia*, 5, 1956, p. 385-400; E. L. Bennett, «The landholders of Pylos», *American Journal of Archaeology*, 60, 1956, p. 103-133; M. I. Finley, «Homer and Mycenae: Property and tenure», *Historia*, 6, 1957, p. 133-159, et «The mycenaean tablets and economic history», *The economic history review*, 2ᵉsérie, 10, 1957, p. 128-141 (avec une réplique de L. R. Palmer, *ibid.*, 11, 1958, p. 87-96); M. S. Ruiperez, «Mycenaean land-division and livestock grazing», *Minos*, 5, p. 174-207; G. Thomson, «On greek land tenure», in *Studies Robinson*, II, p. 840-857; E. Will, «Aux origines du régime foncier grec», *Revue des Études anciennes*, 59, 1957, p. 5-50.

第七章

关于希腊思想的起源和哲学思考的开始，参见以下书目：John Burnet, *Early greek philosophy*, 3^{e}éd., Londres, 1920, trad. française: *L'Aurore de la philosophie grecque*, Paris, 1919; F. M. Cornfond, *From religion to philosophy. A Study in the origins of western speculation*, London, 1912, et *Principium sapientiae. The origins of greek philosophical thought*, Cambridge, 1952; H. Frankel, *Dichtung und Philosophie des frühens Griechentums*, NewYork, 1951, et *Wege und Formen frühgriechischen Denkens*, München, 1955; L. Gernet, «Les origines de la philosophie», *Bulletin de l'Enseignement public du Maroc*, 183, 1945, p. 9 sq.; O. Gigon, *Der Ursprung der griechischen Philosophie von Hesiod bis Parmenides*,Basel,1945; W. R. C. Guthrie, *In the beginning. Some greek views on the origins of life and the early state of man*, London, 1957; W. Jaeger, *The theology of the early greek philosophers*, Oxford, 1947; G.S.Kirk et J. E. Raven, *The presocratic philosophers. A critical history with a selection of texts*, Cambridge, 1957; W. Nestle, *Vom mythos zum logos. Die*

Selbstentfaltung des griechischen Denkens von Homer bis auf die Sophistik und Sokrates, Stuttgart, 1940; R. B. Onians, *The origins of european thought about the body, the mind, the soul, the world, time and fate*, Cambridge, 1951; P.-M. Schuhl, *Essai sur la formation de la pensée grecque*. Introduction historique à une étude de la philosophie platonicienne, Paris, 1934, 2e éd., 1948; B. Snell, *Die Entdeckung des Geistes. Studien zur Entstehung des europaïschen Denkens bei den Griechen*, 2e éd., Hambourg, 1948; G. Thomson, *Studies in ancient greek society*, II, *The first Philosophers*, London, 1955, et «From religion to philosophy», *Journal of Hellenic Studies*, 73, 1953, p. 77-84; J.-P. Vernant, «Du mythe à la raison. La formation de la pensée positive dans la Grèce archaïque», *Annales. Économies, Sociétés, Civilisations*, 1957, p. 183-206.

关于希腊神谱和东方神谱的关系，参见以下书目：R. D. Barnett, «The Epic of Kumarbi and the Theogony of Hesiod», *Journal of hellenic studies*, 65, 1945, p. 100-1; J. Duchemin, «Sources grecques et orientales de la Théogonie d'Hésiode», *L'information littéraire*, 1952, p. 146-151; R. Dussaud, «Antécédents orientaux à la Théogonie d'Hésiode», *Mélanges Grégoire*, 1, 1949, p. 226-231; O. Eissfeldt, «Phönikische und Griechische Kosmogonie», in *Éléments orientaux dans la religion grecque ancienne*, Paris, 1960, p. 1-55; E. O. Forrer, «Eine Geschichte des Götterkönigtums aus dem Hatti-Reiche», *Mélanges Fr. Cumont*, 1936, p. 687-713; H. G. Güterbock, «The hittite version of the hurrian Kumarpi myths: Oriental Forerunners of Hesiod», *American Journal of archaeology*, 52, 1948, p. 123-34; H. Schwabe, «Die griechischen Theogonien und der Orient», *Éléments orientaux dans la religion grecque ancienne*, p. 39-56; F. Vian, «Le mythe de Typhée et le problème de ses origines orientales», *ibid.*, p. 17-37, et «Influences orientales et survivances indo-européennes dans la Théogonie d'Hésiode», *Revue de la Franco-ancienne*, 126, 1958, p. 329-36; S. Wikander, «Histoire des Ouranides», *Cahiers du Sud*, 1952, 314, p. 9-17. On trouvera les textes orientaux, édités par J. B. Pritchard, *Ancient Near Eastern texts relating to the Old Testament*, 2^e^éd., Princeton, 1955.